互联网情境下知识交易定价机制

刘征驰 马 滔 著

科 学 出 版 社
北 京

内 容 简 介

互联网知识交易有着鲜明的时代特点和经济特征，表现在知识价值具有双向隐匿性、知识产品的个性定制性、知识内容的竞争性与知识侵权常态化等多个方面。消费者也因个体差异与经济环境具有不同的体验请求和行为模式，具体表现为消费者存在策略性等待行为，并且对知识产品具有不同的价值诉求。这些使得现有的互联网知识交易模式遭遇到一些发展困境和治理难题。如何将互联网知识交易特征与消费者的行为特点相结合，以便有效应对知识交易过程中的困境难题，并为知识产品销售制定适宜的营销策略，就成为当前学术研究的热点。产品定价机制作为最基本最关键的治理手段，也是企业营销机制中最富有灵活性和艺术性的策略。本书将依据知识产品不同特征引致的治理问题，通过构建博弈模型，在不同的市场环境下考察知识产品的价格机制。

本书能够较好地弥补互联网情境下知识交易的理论空白，并为知识付费实证研究提供良好的微观基础。本书可为希望了解知识经济学、网络经济学的学者和研究生提供参考。

图书在版编目（CIP）数据

互联网情境下知识交易定价机制 / 刘征驰，马滔著. —北京：科学出版社，2022.8

ISBN 978-7-03-072794-7

Ⅰ. ①互… Ⅱ. ①刘… ②马… Ⅲ. ①知识经济学–研究 Ⅳ. ①F062.3

中国版本图书馆 CIP 数据核字（2022）第 135666 号

责任编辑：郝　悦 / 责任校对：张亚丹

责任印制：张　伟 / 封面设计：无极书装

科 学 出 版 社 出版

北京东黄城根北街 16 号

邮政编码：100717

http://www.sciencep.com

北京凌奇印刷有限责任公司 印刷

科学出版社发行　各地新华书店经销

*

2022 年 8 月第　一　版　开本：720 × 1000　1/16

2023 年 1 月第二次印刷　印张：9

字数：181 000

定价：106.00 元

（如有印装质量问题，我社负责调换）

目　　录

第1章 绪 论

1.1 知识付费的发展与困境

近几年来，随着自媒体的发展，信息爆炸式增长造成用户信息冗余。大量的免费信息不仅没有带来更多的知识，消费者反而要花费更多的时间、精力在筛选有用信息上。这为对有价值的知识进行付费提供了良好的交易基础，使得在行一点、得到、知乎 Live、喜马拉雅 FM 等知识交易平台应运而生，知识交易市场呈现出高速增长态势。根据艾媒咨询发布的《2020 年中国知识付费行业运行发展及用户行为调研分析报告》，2019 年中国知识交易市场规模达到 278 亿元，预计 2020 年将达到 392 亿元，而 2021 年将突破 675 亿元。同时，腾讯科技旗下的专业研究机构企鹅智酷发布的《知识付费经济报告》显示，我国 55.3% 的网民有过不同形式的知识交易行为。在已有过知识交易体验的群体中，38%的用户对付费获取知识内容的形式表示满意，且愿意再次尝试。以上调研数据无疑证实了通过互联网进行知识变现的良好前景。互联网知识交易带来的火爆效应及其引发的持续关注，使其成为互联网时代的“风口”。

尽管互联网环境下的知识交易发展势头迅猛，但也面临着巨大的发展困境与交易瓶颈。首先，知识产品作为一种特殊的体验品，知识价值存在双向隐匿性。知识价值的“隐匿性”将导致双边机会主义行为。一方面，知识提供者可能言过其实，夸大知识价值，现有的知识静态（固定）定价可能使知识消费者获得少于应得的效用，即卖方机会主义。另一方面，知识消费者可以否认获得效用，或者声称获得很低的效用，现有的知识静态（固定）定价可能导致知识提供者获得少于应得的收益，即买方机会主义。其次，知识产品作为消费者结合自身具体问题的知识请求，具有个性定制特征。然而，现有的固定定价既没有考虑消费者对不同的知识定制化水平具有不同的价值感知，存在一刀切问题；也没有考虑到提供者因不同的定制化水平会产生不同的知识生产成本，固定定价还存在知识提供激励不足问题。最后，知识产品之间还存在同质化竞争问题和非授权分享问题。这些都导致知识交易遭遇“用户付费意愿下降”和“原创优质内容流失”等诸多现实挑战。

面对互联网知识交易存在的现实困境，现有研究主要侧重于采用案例分析、问卷调查等定量方法，考察影响知识消费者支付意愿的因素，很少从机制设计视角分析互联网知识交易产生困境的根源，以及对应的治理机制和治理逻辑。由此可见，有必要针对互联网知识交易特征引致的治理问题进行深入分析，系统性研究互联网情境下知识交易的治理机制，而其中最关键最基础的治理机制就是知识产品定价机制。本书从互联网知识交易的特征入手，讨论不同约束条件下知识产品定价机制问题，为破解知识交易治理困境提供理论支撑。

1.2　知识付费的治理问题与治理思路

本书考虑知识价值的隐匿性、个性定制性、内容竞争性、用户策略性、知识侵权化、运营平台化等特性，探讨不同情境下知识提供者的定价机制。具体研究问题如下。

考虑到知识价值具有“双向隐匿性”，以及社群学习在知识价值“显现化”过程中发挥着关键作用，主要研究问题有：知识交易进行“动态”定价的经济逻辑是什么？考虑知识消费者行为模式变化，知识提供者应如何制定社群价格与市场价格？网络社群因素对知识提供者定价机制有何影响？社群学习环境下知识提供者福利水平有何变化？

考虑到知识产品具有“个性定制性”，以及消费者感知价值差异化，主要研究问题有：最优发布价格和最优协商价格分别受哪些因素的影响？针对不同的知识定制化水平，知识提供者应如何选择定价机制？知识定制化水平影响提供者定价机制选择的内在逻辑是什么？

考虑到知识内容具有“排他竞争性”，以及知识消费者协商意愿的异质性，主要研究问题有：在双寡头竞争模式下，当知识提供者均采用发布式定价机制或者均采用协商式定价机制时，知识产品最优价格受哪些因素影响？当知识提供者分别采取发布式定价机制和协商式定价机制时，知识产品最优价格又受哪些因素影响？哪些因素会影响知识提供者的定价机制的选择及其逻辑机理？

考虑到知识产品价值的“易逝性”与“不确定性”引致的消费者策略性行为，主要研究问题有：双寡头知识提供者将如何在按需定价机制与订阅定价机制之间进行选择？最优知识付费产品价格受哪些因素影响？知识提供者进行价格承诺的边界是什么？

考虑知识产品“易于复制性”产生的侵权问题，以及知识消费者对待侵权产品态度的异质性，主要研究问题有：知识提供者应该采取何种（最严、适中或者零）产权保护决策，知识产权保护决策的边界是什么？知识提供者的产权保护决策将如何影响其知识定价机制，其背后的逻辑机制是什么？知识提供者的最优定价机制受哪些因素影响？

考虑运营平台化下知识平台与提供者的利益分歧，主要研究问题有：知识提供者的定价受哪些因素影响？非授权分享会导致平台和知识提供者之间出现怎样的利益分歧？在“内容为王”的背景下，知识付费平台如何处理好“维护知识提供者群体”与“保证平台自身运营收益”之间的关系？

本书研究思路遵循：知识交易特征分析→知识交易治理逻辑→知识交易定价机制三个主要阶段，具体如下所示。

阶段Ⅰ，知识交易特征分析：将互联网知识交易特征进行分析梳理，归纳出知识交易存在运营场景化、学习碎片化、身份依赖性、需求体验化、消费随性化、市场细分化、价值双向隐匿性、运营社群化、个性定制化、感知价值差异性、内容竞争性、消费者异质性和侵权常态化等特征。通过深入分析，发现知识交易特征引致的治理困境和研究问题，为下一阶段治理逻辑的提出奠定基础。

阶段Ⅱ，知识交易治理逻辑：在知识交易过程中，由于存在价值隐匿性，知识交易双边机会主义行为容易产生；由于个性定制性，现有的发布式定价存在一刀切和激励不足问题；由于用户策略性，提供者需要通过价格承诺等方式进行缓解；由于易于复制性，容易引发侵权问题，呼唤提供者进行知识产权保护；等等。从而，考虑引入社群学习机制、协商式定价机制、产权保护机制等，为下一阶段定价机制研究奠定基础。

阶段Ⅲ，知识交易定价机制：在刻画知识交易特征的基础上，分别建立社群学习环境下知识交易两阶段动态定价机制，个性定制情境下知识交易定价机制选择研究，双寡头竞争情形下知识交易定价机制选择研究，用户策略行为下的知识产品定价机制，产权保护决策下知识交易三阶段博弈定价机制，平台运营视角下的知识产品定价机制。通过比较静态分析，考察知识产品最优价格的影响因素，并探讨定价机制制定背后的逻辑机理。

1.3 创新之处

总结全文，本书的创新点有以下几方面。

（1）不同于传统意义上仅关注消费者对产品价值的单边不确定性，本书着眼于知识价值隐匿性引起的双边不确定性问题，揭示了社群学习所引致的“策略效应”和“信息效应”如何影响知识消费者决策行为，进而促使知识提供者采用渗透式定价的微观机理。在前期，知识提供者以较低社群价格扭转消费者延迟决策意愿（策略效应），从而有利于构建知识产品社群并营造社群学习氛围。在后期，知识消费者具有较高支付意愿（信息效应），可通过制定较高市场价格最大限度攫取消费者剩余。

（2）本书将定制化水平融入互联网知识交易定价模型，考察了其作用于知识提供者定价机制选择的逻辑机理，提出了差别化定价的加速器效应。并且，从动态与静态双维度分析互联网知识交易中消费者的价值感知，揭示了互联网情境下消费者群体价值感知整体结构动态变迁路径，为知识提供者差别化定价行为提供了现实和理论依据。

（3）本书将垄断市场环境扩展到竞争情境，考察双寡头竞争下知识提供者定价机制的选择。揭示知识消费者协商意愿异质性影响提供者定价策略选择的逻辑机理：普通消费者占比的增加，协商式定价这一差别化定价机制，通过溢价效应（对普通消费者制定高价策略）带来的收益，能够有效弥补其门槛效应（对协商消费者制定低价策略）造成的损失，从而相对发布式定价更具优势。

（4）本书考虑到知识产品价值的“易逝性”与“不确定性”驱动消费者策略性行为，首次将价格承诺问题引入知识产品定价研究。分别在进行价格承诺与不进行价格承诺的理论框架下，构建知识产品两阶段动态定价博弈模型。通过对比发现，提供者进行价格承诺的约束条件，当消费者心理成本（psychological cost）较低时，提供者不应进行价格承诺，反之应进行价格承诺。同时，考虑不同定价机制下的消费者心理成本，将心理成本因素纳入知识产品定价模型。揭示了“心理约束效应”与“竞争侵蚀效应”是导致最优价格随心理成本变化呈现非线性变动的重要微观机理。

（5）本书将产权保护决策纳入知识交易定价模型，从微观层面考察了提供者的产权保护决策和知识定价机制，发现知识产权保护带来的“行为效应”与“信息效应”，使得知识产权保护决策并非越严越好，张弛有度才是提供者的理性选择。此外，还揭示了互联网知识交易情境下产权保护决策与定价机制之间的影响路径：知识产权保护决策通过影响侵权知识产品的吸引力，进而影响消费者的购买行为和提供者的定价机制。

（6）现有文献大多局限于“产品生产者”与“产品消费者”的二元关系，考虑到互联网知识付费独有的平台参与特征，本书在“知识提供者”、“知识消费者”和“知识付费平台”三元关系中探讨参与主体的策略选择问题。此外，基于现阶段知识付费“内容为王”的特征，本书将知识提供者与平台之间的隐性“利益冲突”显性化为“定价分歧”，并以此为基点优化平台运营策略。

第 2 章　国内外相关研究现状

本章分别从知识交易相关研究、定价机制选择相关研究、社群学习相关研究和知识产权保护研究等方面进行综述，并结合本书的研究问题和研究内容，对现有文献进行评述。

2.1　互联网知识交易相关研究

现有关于知识交易的研究主要从用户知识交易意愿和知识产品定价机制两个方面展开。其中，现有研究主要采用问卷调查、案例分析和网络爬虫等手段获得一手数据或二手数据来考察影响用户知识交易意愿的因素，而采用数理分析方法探讨知识产品定价问题。

2.1.1　知识消费者付费意愿研究

方爱华等[1]基于感知价值理论，采用问卷调查方法探讨虚拟社区用户知识交易意愿的影响因素。结果显示，虚拟社区用户的感知价值显著正向影响其付费意愿；感知利得（感知有用性、感知信任）显著正向影响感知价值，感知利失（感知风险、感知成本）显著负向影响感知价值，且感知价值在感知利得和感知利失对用户付费意愿的影响中起到了完全中介作用；口碑负向调节感知价值对付费意愿的影响。

同样，李武等[2]基于感知价值理论，采用问卷调查方法研究用户参与付费意愿的影响因素。发现内容收益、经济收益、费用付出和其他成本付出均能有效地解释用户对付费问答的感知价值，且内容收益对消费者的感知价值影响最大。同时发现，当感知因素与金钱相关时，感知价值发挥部分中介作用，而当感知因素与金钱无关时，感知价值表现出完全中介作用。

此外，李武等[3]归纳出付费问答平台主要有提问付费和围观付费两种模式，然后利用问卷调查方法研究用户对这两种付费模式的付费意愿及其动机因素。结果显示，影响用户提问付费意愿的动机主要包括获取信息和知识、赶时髦、获得直接与答主交流的机会以及获得分红收益，而获取信息和知识、围观花费较低则会影响用户参与围观付费的意愿。此外，更快地解答疑惑、满足好奇心和消遣娱乐等其他动机对用户的提问付费意愿和围观付费意愿都没有显著影响。

杜智涛和徐敬宏[4]通过构建结构方程模型，采用问卷调查方法探讨影响用户知识交易意愿的因素及其作用机理。研究发现，包括外在需求和内在需求的需求因素与包括专业性、趣味性、便捷性和主观规范的体验因素都对用户知识交易意愿有显著正向影响，但体验因素的影响大于需求因素。杨昕雅和胡鑫[5]基于 MOA 理论构建影响用户付费行为的理论模型，通过问卷调查方法收集数据，利用结构方程模型检验用户付费意愿的影响因素。研究发现，兴趣动机、感知有用性、感知易用性、学习能力及消费能力是影响用户付费行为的主要因素。

Nie 和 Sundar[6]以 Facebook 平台用户为基础进行问卷调查，通过构建结构方程，从用户个人身份展示和社交身份展示这两个角度研究其付费意愿和付费行为。结果显示个人身份展示对用户付费行为有显著影响。Berger 等[7]通过对报刊订阅行为进行问卷分析，考察用户对在线和离线内容格式的需求偏好，结果表明，格式是继价格之后影响用户付费意愿的一个重要因素。

邢小强和周平录[8]采用案例研究方法，通过数据分析归纳出影响用户参与知识交易的五个价值主张，即功能价值、效率价值、心理价值、社交价值和娱乐价值。严建援等[9]通过案例分析方法对得到和知乎的商业运营模式进行探索性研究，认为企业的知识信用、知识价值、效率价值和社交价值等价值主张将影响消费者的付费意愿。

Zhao 等[10]基于信任理论视角，通过爬取知乎网上的数据研究知识提供者特征和声誉如何影响消费者支付意愿。实证结果显示，提供者声誉、能力和信息公开度会正向影响消费者支付意愿，而提供者的利他行为不会产生显著影响。同时，价格因素会正向调节消费者信任和消费者购买决策之间的关系。同样是抓取知乎平台数据，蔡舜等[11]通过构建基于信号理论的模型，探讨价格因素对用户知识交易意愿的影响及其作用机制。研究发现，知识价格对知识销量有负向影响，但当产品评论数量足够多时，价格对销量的负向影响将减弱。对于知识这种特殊的体验品，在不同的情境下价格因素对知识消费者来说是成本信号与质量信号的混合。

赵杨等[12]基于社会资本理论，从知识提供者的结构型、关系型和认知型社会资本三个维度构建用户知识交易意愿影响因素的理论模型，并通过网络数据爬虫方法抓取知乎 Live 数据，运用负二项面板回归分析对模型进行验证。发现知识提供者的粉丝数、发表文章数、回答问题数、获得点赞数、是否实名认证及是否标注专业领域均对用户知识交易意愿有显著正向影响。刘齐平等[13]也基于社会资本理论，通过爬取“在行网”的行家和课程数据，研究用户付费行为影响因素。结果表明，行家的想见数、行家评分、评论数、教育背景等社会资本对用户知识交易行为具有显著影响。

2.1.2　知识提供者定价机制研究

知识转移的动机研究是一个古老又新鲜的话题，传统研究重点关注企业内部员工或供应链企业之间知识共享的激励机制设计。近些年，个体知识行为与社交网络之间呈现明显融合趋势，相关研究也逐步扩展到考察虚拟网络社群用户之间知识协作行为的治理机制。这类文献主要从人际信任[14，15]、声誉效应[16~19]、互惠利他[20，21]、物质激励[22，23]与通信技术便利[24，25]等方面对个体间知识转移动机进行了考察。遵循 Davenport 和 Prusak[26]知识市场理论中“市场价格机制对知识资源转移起着关键作用”的观点，部分学者开始关注定价机制在知识交易中的激励作用。

周波[27]首先做出界定，给出了“存在‘一件知识’”、“知识拥有者保留了待交易知识的‘排他性’权力且产权制度支持该权力”、“待交易知识具有稀缺性”、“知识转移成本为零”和“知识交易双方具有经济理性”等知识交易的前提条件。然后，根据知识提供者面临的单边垄断、双边垄断和差异化竞争三种市场情形提出具体定价机制，研究发现效用不确定性、效用的动态性、信息不对称、非重复交易、交易方式的多样性等均会影响知识提供者的定价机制。

陈搏[28]通过引入“知识距离”的概念，构建隐性知识交易的定价模型。研究指出在实际交易中买卖双方都只能确定一个价格区间，并在此区间内由信任关系和知识距离来协商具体的价格。在此基础上，陈搏和王苏生[29]试图从厘定知识交易定价的基本框架出发，对知识交易的定价模型做出改进。考虑到信任关系和知识距离是知识交易实际成交价格确定的决定性变量，提出量化信任关系和知识距离的方法模型，从而使之可用于实际知识交易定价。

纪慧生和陆强[30]归纳出知识交易具有“前期成本高”、“复制成本低”、“不对称性”、“无损和折旧性”、“市场无限性和价值反比性”和“差异性”等特点，构建知识定价分析框架。在此基础上，从知识提供者和知识购买者两方面对知识价格进行分析，认为作为交易的知识具有价值和使用价值，知识价格受知识开发成本、知识交易量和投资收益率等因素影响。

许有志等[31]首先利用博弈模型分析发现供应链中知识无偿共享通常难以实现，而传统的交易费用经济学由于假设知识获取无成本也难以有效解决此问题。

从而，通过在供应链中引入知识交易机制，从显性知识和隐性知识两个角度对定价模型进行研究，探讨供应链中知识供给者和需求者之间发生的交易行为。

杜维和刘清华[32]通过构建合作联盟间失败知识定价的两阶段博弈模型，对失败知识价格、知识平台价格和知识共享成本的定价展开研究。研究表明，在合作定价机制实施成本不高时，选择合作定价机制会使平台服务商和知识供给企业获得更高的利润，也会促进企业间的失败知识共享。在实施合作定价机制成本很高，但平台服务商奖励知识供给企业时，采用合作定价机制依然会使知识供给企业得到一个较好的收益。同时发现，当企业创新平稳时，企业学习动机小，失败知识的需求会减少，此时平台服务商可以奖励知识供给企业，而当企业创新遇到困难，企业对失败知识的需求会增加，此时平台服务商可以奖励知识需求企业。

韩莹等[33]利用博弈论方法与数值仿真，研究二元式创新知识闭环系统中不同决策模式下的知识定价和收益。结论显示，知识收益与利用性知识偏好呈负相关；在分散决策模式下，知识供应源和知识中介的收益与网络权力密切相关，网络权力越大，相应收益越多；集中决策模式为最优决策模式，可使探索性知识与利用性知识定价均最低，并且系统总收益最高。

刘征驰等[34]基于知识产品个性定制与知识消费者价值感知，提出知识交易定价机制选择逻辑。在此基础上，分别构建发布式定价与协商式定价数学模型，深入探讨不同定制化水平下两种定价机制的影响因素与采纳时机。研究发现，发布式定价机制下，提供者收益取决于知识定制化水平和知识生产边际成本；协商式定价机制下，提供者收益取决于知识生产边际成本、协商成本和消费者谈判力；当知识定制化水平相对较低时，应采用发布式定价机制，反之则采用协商式定价机制。

2.2 定价机制选择的相关研究

互联网知识产品本质上是一种信息产品，大量文献探讨了信息产品定价问题，这些文献为本书知识产品定价提供了基础。同时，在产品定价机制选择中，考虑到消费者对知识产品不同的感知价值以及提供者不同的生产成本，有必要将协商式定价机制引入知识产品定价模型。因此，结合本书研究内容，主要从信息产品定价机制，以及发布式定价机制与协商式定价机制比较研究两个方面进行综述。

2.2.1　信息产品定价机制

不少学者从需求方视角出发，研究用户异质性如何影响厂商定价决策。例如，Keskin 和 Taskin[35]依据时间偏好将消费者分成中性和无耐心两种类型，构建存在非对称市场份额时双寡头竞争的两阶段定价决策模型。研究表明，在对云服务这种信息产品定价时，厂商应该对无耐心消费者收取更高价格。Chen 等[36]考虑消费者具有不同的使用量均值和不同的使用量变动，构建了双寡头竞争模式下的厂商定价机制模型，发现基于保留价值的定价和基于用户效用的定价都是用户使用量变动系数的递增函数，使用量波动较少的消费者更偏好基于保留价值的定价机制，而使用量波动较大的消费者则倾向于基于用户效用的定价机制。

汪小梅等[37]通过问卷调查确定影响信息产品顾客感知价值的主要因素，构建感知价值量化方法，并基于用户感知价值差异构建信息产品定价模型。张旭梅等[38]基于消费者版权意识差异构建信息产品定价模型，认为垄断厂商不应采取固定定价机制，定价机制因消费者结构和市场敏感性变化而不同。周木生和张玉林[39]基于消费者具有非边际支付意愿的事实，建立信息产品定价的一般变分模型，研究结果表明对于价值用户应采用最大质量的固定定价机制；对于低价值用户应采用按质定价机制。

基于对 Hotlling 模型的拓展，Ma 和 Seidmann[40]构建云服务厂商与传统定制软件厂商的竞争性定价模型，结果表明，消费者对云服务的适应成本差异是影响产品定价和厂商竞争力的关键因素。Balasubramanian 等[41]分别构建垄断环境下和竞争环境下厂商的订阅定价机制、按需定价机制和混合定价机制，重点考察用户使用频率和伴随按需定价的心理成本差异如何影响厂商定价机制。研究发现，当消费者使用频率很高时，采用订阅定价机制更优。在垄断环境下，当消费者心理成本较低时，厂商采用按需定价机制相比订阅定价机制更优，而采用混合定价机制则可以获得最高收益。在竞争环境下，存在一个厂商采用按需定价机制和另一厂商采用订阅定价机制的对称均衡，并且厂商采用订阅定价机制会更优。

其他文献则站在供给方视角，重点考察厂商成本结构如何影响信息产品定价。代表性的文献有，Sundararajan[42]探讨厂商采用按需定价机制存在交易成本时，厂商如何制定按需定价、订阅定价和混合定价。研究发现，当单位交易成本较高时，厂商应该采用订阅定价机制，而当单位交易成本较低时，厂商选择混合定价机制将获得更高的收益。同时，在混合定价机制下，随着单位交易成本增加，消费者有从采用按需购买方式向订阅定价方式购买转移的倾向，厂商的收益会逐渐降低，而消费者剩余和社会总福利则先降后升。Jain 和 Kannan[43]发现竞争环境下，厂商成本的增加可以作为一个差别化信号，通过将自身与其他厂商区分开而带来正利润。考虑到自动测量技术可以将厂商的固定的计算机存储成本转变为弹性的可变成本，从而影响厂商的市场进入成本，Fazli 等[44]通过构建博弈模型探讨自动测量技术如何影响厂商的进入决策、定价机制和社会福利。

于春晖和钮继新[45]认为信息产品成本特性和网络市场的技术特点决定了差别定价将是网络信息产品市场的主要定价模式，并分析了版本划分和捆绑销售两种差别定价模式的应用。赖茂生和张梦雅[46]通过研究国内和国外两个情报机构的定价机制，发现网络情报产品所具有的时效性强、固定成本高而复制成本低的成本结构等特性，是影响其定价的主要因素。

2.2.2 定价机制比较研究

Riley 和 Zeckhauser[47]考察垄断市场环境下厂商对消费者类型存在信息不对称时，发现厂商更倾向采用发布式定价。这是因为厂商需要与每个序贯到达的消费者进行协商，这些协商成本使得发布式定价机制更具优势。在此基础上，Wang[48]认为当厂商协商成本与采用发布式定价机制的成本相等时，采用协商式定价更优。除了成本因素的考量外，谈判力也是决定定价机制选择的关键因素。

Bester[49]从时间偏好率和谈判力的视角考察厂商定价机制选择问题，揭示出存在多个厂商同时竞争出售同质商品时，协商式定价机制将成为时间偏好率较大或谈判力较弱厂商的最优选择，而时间偏好率较小或谈判力较强的厂商将选择发布式定价机制。Wang[48]在垄断厂商拍卖单一物品的市场环境下进一步分析了时间偏好率与谈判力对厂商定价机制选择的影响，尽管结论支持时间偏好率越大的厂商越倾向于选择协商式定价机制，但却认为议价能力较强的厂商也更倾向于选择协商式定价机制。二者研究结论不同的原因在于，Wang[48]的模型中厂商是垄断的，而 Bester[49]的模型中厂商则是竞争的，买家面对议价能力较强的厂商时可以转向其他竞争对手厂商。同时，Arnold 和 Lippman[50]研究发现，存在一个谈判力阈值，当消费者谈判力超过这一阈值时，厂商倾向于选择发布式定价机制，而当消费者谈判力小于这一阈值时，厂商倾向于选择协商式定价机制。由于双方的谈判力是一种此消彼长的关系，因此，Arnold 和 Lippman[50]的结论与 Wang[48]保持一致，认为厂商在谈判力较强的情况下倾向于采用协商式定价机制。

基于厂商在协商式定价机制和发布式定价机制两种定价机制间选择行为的对比，Wang[51]发现消费者对商品估值分布越分散且估值充分大的情况下，厂商越倾向于采用协商式定价机制；而消费者对商品估值分布越集中，厂商则越倾向于选择发布式定价机制。Desai 和 Purohit[52]将消费者分为讨价还价者和非讨价还价者两种类型，考察市场竞争环境下厂商的定价机制选择，发现当非讨价还价消费者的比例较高时，厂商同时采取协商式定价机制好于同时采用发布式定价机制。

最后，Kuo 等[53]考虑到消费者群体中协商消费者的存在，将协商式定价机制作为一种定价机制引入，考察产品库存约束、销售期限制、谈判力等因素如何影响厂商选择协商式定价机制和发布式定价机制。研究发现，当产品库存水平较高或者产品销售期较短时，即使协商式定价需要花费大量的协商成本，协商式定价机制仍然是相对更优的。同样，Feng 和 Shanthikumar[54]考察当消费者对产品存在异质性价值感知时，厂商在序贯销售产品过程中，如何根据产品库存水平、销售期限制、谈判力等因素动态选择协商式定价机制和发布式定价机制。结论显示，当消费者的价值感知服从均匀分布或者指数分布时，厂商在整个销售期间应该根据双方谈判力的对比来选择采用哪种定价机制。当消费者的感知价值随着厂商采取发布价格获得的剩余递减时，如果厂商在较短的销售期内还存在较大的库存时，厂商应该采用协商式定价机制。

2.3　互联网环境下主体行为研究

互联网时代，个体行为无缝嵌入社群网络，社会主体可以通过观察他人购买行为、评论信息等进行社群学习，以便做出适应性的决策行为[55~57]。在互联网环境下主体行为决策的研究中，与本书相关的主要包括社群学习情境下的厂商运营管理决策和消费者行为决策两个方面。

2.3.1　社群学习对厂商运营决策影响研究

社群学习情境下厂商的运营管理研究近年来取得较大进展，主要体现在厂商的信息提供机制[58~60]、质量决策[61, 62]与定价机制[63, 64]等方面。

代表性的文献有，Jiang 和 Guo[65]考察厂商采用何种量表基数和是否提供详细评论这两种评论系统设计（信息提供方式）如何影响产品定价机制，发现两者关系受到市场环境如产品估值、产品主流水平及消费者不匹配成本等因素影响，只有当产品估值高于某一阈值时，提供评论系统才是有益的。同时，Yu 等[64]研究存在策略性消费者时，产品质量信息提供（社群学习）对厂商动态定价机制的影响。研究发现，相比于不存在社群学习的情景，存在社群学习时厂商将减少初始销量并降低初始价格，从而控制产品质量信息的提供。此外，即使厂商可以从社群学习中获益，厂商也可能更偏好提供不准确的产品信息。

Feldman 等[61]研究社群学习对垄断厂商质量决策的影响，发现在社群学习情境下，如果产品质量事前不确定性较大，厂商应该选择提供低质量产品伴随较低的价格，如果产品质量事前不确定性较小，厂商应该选择提供高质量产品伴随较高的价格。Jiang 和 Yang[62]通过构建动态博弈模型研究社群学习情境下厂商的定价机制与质量决策。研究发现，均衡状态下更具成本效益的厂商相比效率低下的厂商，将选择提供更高的产品质量。并且当消费者知晓厂商具有较高成本效益的信息时，厂商一般会降低产品质量水平。

Crapis 等[63]首先分析消费者遵从一个直观的、非贝叶斯决策准则，通过观察其他消费者的购买行为与评论信息以推断产品质量的社群学习机制，进而探讨社群学习对厂商采用静态定价机制与单动态定价机制的影响。结果显示，消费者采用的社群学习机制最终能够知晓产品的真实质量，并且相对于不考虑社群学习情境，考虑社群学习的定价机制会增加厂商收益。Papanastasiou 和 Savva[66]研究社群学习如何影响机制性消费者行为和厂商的定价机制。研究发现，当不存在社群学习时，不管厂商采用的是提前发布定价机制还是动态定价机制，都应该是先高后低的撇脂定价行为。当存在社群学习时，如果厂商采用提前发布定价机制，则应该采取先低后高的渗透定价行为，如果厂商采用动态定价机制，则可能是先高后低也可能是先低后高。此外，当社群学习的影响很大时，提前发布定价机制相比动态定价机制不具优势。

2.3.2 社群学习对消费者行为的影响研究

大量文献站在生产者视角分析厂商采用广告机制[67]、退货保证[68]、质量承诺[69]、产品展示[70]及免费试用[71，72]等方法，发送质量信号以影响消费者的购买决策行为。但这些都属于消费者被动接受信息，相较而言，消费者主动获取以用户为导向的评论信息则更加可信和真实[58,66]。这一类文献重点考察社群学习过程中，评论数量[73~75]、评论质量[76，77]、评论情感倾向[78~80]与评论人信息[81~83]等对消费者购买行为或者支付意愿的影响。

Dellarocas 等[84]研究评论数量和评论效价对消费者购买电影票行为的影响时，发现评论数量和评论效价均会产生显著影响。同样研究电影评论数据，Duan 等[85]发现仅评论数量会产生显著的影响。探讨产生分歧的原因，Duan 等[85]认为不同的计量模型和研究方法是产生差别的主要原因，而 Chen 等[86]则认为这与研究样本的数量大小有关。Zhu 和 Zhang[87]利用电子游戏产品数据讨论产品评论对消费者购买行为和购买意愿的影响。研究发现，相对于非常流行的电子游戏产品，在消费者购买决策中，评论数量对不流行的电子游戏产品的影响更大。这是因为，流行程度高可以传递出产品高质量的信号，消费者在购买非流行的产品时，需要更多地借助产品评论信息以降低购买决策风险与避免后悔心理。

Park 等[88]基于信息文本特征，利用相关性、易懂性、充足性与客观性四个指标来衡量评论质量，研究评论质量对消费者购买行为的影响，发现高质量的用户评论包含着丰富的产品体验信息，具有清晰的表达逻辑和较强的说服力，同时对产品的描述客观细致，更能反映产品的真实属性，因而更受接收者信赖，对消费者的购买决策具有显著影响；相反，低质量的产品评论往往比较主观化和情绪化，并未提供与产品相关的客观有用的信息，缺少令人信服的依据和条理，并不能为消费者购买决策提供指导。Zhao 等[89]通过构建结构模型研究在线评论对消费者购买体验性产品的影响。考虑将能否准确反映消费者对体验品的价值评价作为产品评论可信度的一个关键标准，发现准确性越高，评论可信度和评论质量越高，消费者购买意愿越强。进一步，通过分析一个由 243 位消费者购买 1 919 本图书的面板数据集发现，如果评论质量较低或存在虚假评论时，正向评论和评论数量对消费者决策行为的影响将更小。

Chevalier 和 Mayzlin[90]利用 Amazon 和 Barnes&Noble 上的图书评论数据，研究不同情感倾向的评论信息对产品销量的影响，发现极端差评（1 分评论）对消费者决策行为的负向影响明显大于极端好评（5 分评论）的正向影响。相反，Liu[91]通过对雅虎电影网站上的评论信息研究发现，在电影发布的各周期间，好评信息和差评信息对消费者购买行为均没有显著影响。此外，Yin 等[92]同时采用实验法和实证方法考察焦虑与愤怒这两种负面情绪对消费者感知在线评论有用性的影响，发现含有焦虑情绪的评论更可能被认为评论者是经过深思熟虑后给出的，因而比含有愤怒情绪的评论在消费者决策中发挥的作用更大。

最后，Forman 等[93]基于 Amazon 书籍评论数据实证研究发现，评论者披露身份信息可以作为符合社群规范的信号，或者能够展示信息源特征，从而影响消费者对在线评论有用性的评价，并更加显著地影响消费者的购买决策。朱丽叶等[94]基于精细加工可能性模型（elaboration likelihood model，ELM）与霍夫兰德说服模型，利用实验研究法实证检验用户评论对消费者购买行为的影响。研究发现：评论质量和评论者等级都对消费者购买行为具有显著影响，而产品卷入度会调节评论质量和评论者等级对购买意愿的影响；评论质量对购买行为的影响在产品高卷入度下更显著，评论者等级对购买行为的影响在产品低卷入度下更显著；最后，高产品卷入度情境下，评论质量比评论者等级对购买行为影响力更大，低产品卷入度情境下，评论质量与评论者等级对购买行为的影响无显著差异。

2.4 文献评述

通过分析互联网情境下知识交易产生的新特点与新问题，本书研究不同交易模式下知识产品的定价机制。依据本书研究问题与研究内容，对相关文献进行综述，发现现有文献具有如下特点。

（1）现有研究多采用问卷调查和网络爬虫等方法收集数据，对互联网知识交易进行实证或案例分析，重点探讨知识消费者付费意愿的影响因素，很少利用严谨的定性分析方法对互联网知识产品定价机制进行探讨。尽管部分学者采用数理分析方法研究了隐性知识交易、供应链中知识交易、合作联盟间失败知识定价等，但这些研究缺乏对互联网知识交易具有知识价值“双向隐匿性”、知识内容“个性定制性”、知识产品“排他竞争性”与“易于复制性”等特征的刻画，对互联网知识交易的解释力有限。

（2）现有研究分别考察消费者异质性和厂商成本结构如何影响厂商定价机制，本书不仅从动态与静态双维度分析互联网知识交易中消费者价值感知差异，同时还从协商成本、定制化成本等角度考察厂商如何制定定价机制。尽管现有文献讨论了买方价值分布、卖方时间偏好率、谈判力、产品库存约束与销售期限制等因素如何影响厂商选择发布式定价机制或者协商式定价机制选择，但考虑到定制化水平、搜寻成本等因素也是影响厂商定价机制选择的重要因素，就需要构建更契合互联网知识交易定价机制选择的理论模型。

（3）现有对社群学习情境下厂商的运营管理研究，大都基于社群学习对消费者行为影响，厂商做出对应的决策，并未考虑厂商自身的社群学习行为。本书考虑到知识价值的隐匿性，考察双边学习下知识提供者的定价决策，将对社群学习下的厂商决策研究形成补充。关于社群学习对消费者行为影响的研究主要采用实证方法，结论比较直观笼统，不仅缺乏对社群学习如何影响消费者购买行为的微观机制的揭示，还缺乏探究厂商如何对消费者决策行为变化的响应分析。本书利用社群规模、社群活跃度与社群交互效率等因素刻画社群学习过程，从理论层面揭示社群学习影响消费者决策行为和提供者定价机制的微观机理。

第3章　互联网知识市场形成与交易模式分析

3.1　互联网知识交易市场形成因素

互联网知识交易是认知盈余、资源闲置背景下产生的一种共享经济模式，是消费意识觉醒、自我价值实现、平台方机制设计与互联网技术赋能的综合产物。本书从四个层面系统分析互联网知识交易的崛起，探讨互联网知识交易市场的形成要素，为分析互联网知识交易特征与定价机制设计提供基础。

3.1.1　消费者感知价值获得是知识交易的基础

根据综合评价理论，消费者感知价值不仅包括权衡理论的产品评价，还应考虑多因素理论的价值多元性以及产品使用情境的差异性，具有多维特征和情境依赖性特征[95]。本书认为，在共享经济情境下，消费者参与互联网知识交易的过程中，可以“感知”以下六种价值。

（1）产品价值。与传统模式下知识转移相同，互联网经济背景下知识交易的前提是知识产品化，消费者获得产品价值是参与知识交易的基础性因素。通过知识交易，消费者可以有效避免互联网时代面临的信息庞杂与信息过载问题，减少耗费在筛选、甄别与整理海量信息上的时间精力，获得更具价值的个人经验与稀少短缺的优质知识资源。通过答疑解惑，解决消费者面临的实际问题。更为重要的是，借助知识经济中的专业指导与“干货”呈现，消费者可以系统化、结构化地学习知识，实现深度学习和对知识产品有用性的感知。

（2）体验价值。互联网知识共享情境下，涌入知识共享领域的海量信息产生了大量的知识噪声。知识交易的本质是用户为信息筛选与过滤付费，通过文字、语音或视频等方式将知识提供给用户，从而有效聚合消费者的注意力资源，使其获得快速、精准解决问题的便利体验与消费体验。同时，共享经济情境催生用户思维方式改变和消费意识觉醒，消费者开始追捧“新潮独特”和“彰显个性”的产品。以知乎 Live、在行等为代表的知识交易新贵，可以极好地满足消费者的尝新体验，通过这种“无形消费”获得绝佳的差异化体验。

（3）社交价值。知识社群网络的兴起使知识不仅仅局限于解决问题的工具角色，而且成为具有连接能力的一种介质。知识消费者以知识为桥梁，通过社交互动同各种知识“达人”或“行家”建立直接联系，获得关系型社会资本。同时，知识消费者参与交易的行为可以作为“社交货币”和高端社交网络“通行证”，有利于打破知识异质阶层之间的关系门槛。通过与具有相似价值观和共同兴趣的消费者建立趣缘社群[96]，可以打造个人独特的社交认知网络，获得身份认同与社群归属。

（4）享乐价值。互联网时代的“享乐消费”已成为重要的服务产业，与物质消费并驾齐驱[97]。享乐价值指消费者可以从知识交易中获得精神愉悦和心理满足。知识消费者通过对感兴趣的话题深入了解，不断激发自己的好奇心[98]，满足自己的猎奇心理；通过系统学习不断充电，弥补专业知识不足，丰富自身的知识储备，满足自己的求知欲；通过对知识提供者价值观的认可，满足“粉丝”心态，获得心理上的愉悦。

（5）参与价值。考虑到“提出一个问题往往比解决一个问题更重要”，知识消费者与提供者在不断剖析与探讨问题的过程中，通过信息分享和观点碰撞，实现思维激发与知识创造。这体现了知识不同于一般的消耗品，知识产品具有“越辩越明”的特征，其价值随着消费者的参与共创而实现增值。此时，消费者也转变为知识创造的重要参与者，这种用户卷入将使消费者实现“自我价值”和自我提升，从而提升用户的参与收益。

（6）情感价值。信息大爆炸时代，信息量呈几何级数增长，人类的思维能力远未达到对如此数级知识接受自如的阶段，对未知的恐惧给现代人带来极大的心理压力与严重的知识焦虑，甚至造成不必要的“心理拥挤”和心理伤害。“共同的学习经历”作为一种特殊的铭牌和感情连接点，能够使消费者群体实现情绪上的共感共应，在多维信息互动中产生情感联结，而这将有效缓解现代人的孤独感与焦虑感，使消费者获得心理满足、精神慰藉与情感认同。

因此，知识消费者获得多元感知价值是互联网情境下产生知识交易的基础性因素，这是区别于传统知识交易模式的关键特征之一，而知识提供者利用网络与他人分享认知盈余而获得收入是知识交易产生的前提条件。

3.1.2 提供者认知盈余变现是知识交易的前提

知识交易是共享经济的一个关键组成部分，是知识提供者在认知、时间与精力等盈余下，以知识内容换取自我价值实现的一种重要补偿方式。知识提供者的认知盈余蕴藏着知识盈余、智慧盈余与创造力盈余等。互联网内容平台构建了信息自由流通的渠道，使大众认知盈余被迅速激活、聚合与挖掘，为个体认知盈余分享提供了便利。同时，考虑到知识的稀缺性及成本收益问题，提供者早已从“分享即回报”这种“利他精神”倾向，转向“认知盈余货币化”这种“利己至上”的价值取向。教学投入的时间成本、准备工作的费用成本和知识发布的心理成本等[99]使提供者具有变现压力。最后，变现收益伴随着的是，知识交易这种声誉产品可以扩大提供者影响力，提升自身形象，带来口碑效应与光环效应。

互联网知识交易为提供者认知盈余变现提供了途径，而提供者认知盈余能够变现又是互联网知识交易发展的必要前提。然而，知识提供需要经历创造、包装、传播、营销、通达等这样一个系统化专业化的过程。同时，以音频传播为媒介的互联网知识交易还要求提供者具有良好的音质、声线和语言表达能力。这些都对知识提供者提出了很高的专业要求，成为很多草根认知盈余变现的障碍。考虑到这一点，很多知识交易平台都建立了专业的产品运营团队，辅助知识提供者进行知识创造。例如，喜马拉雅 FM 对知识提供者进行包括内容生产、播音技巧、产品包装、推广机制、售后服务等内容创作全链条的系统性培训，正如其提出的口号“你搞定内容，其他的一切我们来搞定”。互联网知识服务专业团队最大限度地解除提供者知识生产与知识销售的后顾之忧，使知识提供者能够专心于原创知识生产与知识内容深耕，这无疑推动了知识交易的快速发展。

3.1.3 平台方机制设计为知识交易提供保障

互联网知识交易平台方通过信用评价机制、保证金机制和无理由退款机制，鼓励知识消费者积极加入知识共享平台，为进行知识交易提供了认知需求。同时，为发挥知识交易双边市场的交叉网络外部性，知识交易平台还通过价格机制、补贴奖励机制、知识产权保护制度等，激励提供者加入知识交易平台，为进行知识交易提供了认知供给。

（1）通过信用评价机制、保证金机制和无理由退款机制激励知识消费者参与知识交易。

影响消费者接受行为的诸多因素中除感知价值外，信任是决定其参与行为的最关键因子[100]。知识交易中，由于消费者先付费后接受服务，提供者可能存在机会主义行为，从而产生囚徒困境问题。双边关系型契约或多边关系型契约是解决知识交易囚徒困境问题的有效治理机制[101]。考虑到知识交易的非重复性特征，通过重复博弈建立双边关系型契约中的冷酷战略并不能对知识提供者的失信行为进行有效惩罚，而多边关系型契约利用信用评论体系构建的声誉机制则能较好解决知识提供者的失信问题。例如，知乎 Live、喜马拉雅 FM 等知识交易平台建立的信用评价机制，可以有效地减少知识提供者的失信行为，促进消费者参与知识交易。

假设在互联网知识交易市场，针对特定知识存在一个提供者和众多消费者，知识提供者选择诚实行为的概率为 ϑ ，可以得到收益 h ；选择失信行为的概率为 $1-\vartheta$ ，可以得到收益 l ， $l>h$ ，贴现因子为 δ 。如果提供者选择诚实行为的长期收益大于失信行为的短期收益，那么选择诚实；否则选择欺骗。知识消费者只关注提供者获得的产品评价，不关注知识产品的价格，并且消费者的评价均非“不公平评价”[102]。可以证明当知识消费者遵循“提供者最近获得差评，将不会与其进行交易”的集体惩罚机制时，考虑到声誉约束，在一定条件下，知识提供者就会选择诚实行为。

引理 3.1　当 $\frac{l-h}{h} \leqslant \frac{\delta\left(1-\delta^{T}\right)}{1-\delta}$ 成立，则可以得到如下子博弈完美均衡：知识消费者策略为“如果提供者在最近的 T 时段里未收到差评，则与其进行知识交易”；知识提供者策略为“不选择失信行为”。

定义 $\frac{l-h}{h}$ 为知识提供者选择失信行为的收益率，因此，只要失信行为的收益率不是非常大，建立在评价系统上的声誉机制就可以保证提供者的诚实行为。知识交易市场的信用评价体系可以通过声誉背书效应有效约束提供者的失信行为，从而在一定程度上缓解知识提供者的机会主义行为，使知识市场信任产生强扩散，促进消费者参与知识交易。

此外，知识平台方制定保证金机制将产生两方面作用：其一，可以事前对提供者进行初步甄别，筛选掉进行“一锤子买卖”的低质量提供者，有效防止低价位定价扰乱交易生态；其二，作为一种实现可置信承诺的方式，可在事后对知识提供者起约束作用[103]，从而激励知识提供者诚信交易。知识平台方制定的保证金机制，有利于促进知识市场建立良好的信任氛围，激励消费者参与交易，是信用评价机制的一个有效补充。

最后，知识平台方制定的无理由退款机制作为服务保证（service guarantee）

的表现形式，会产生双刃剑效应：一方面，一旦知识内容没有达到知识消费者预期，无理由退款机制将使知识提供者面临较大的退款压力，并给消费者留下知识并不完美的负面暗示[104]；另一方面，更重要的是无理由退款机制可以有效降低知识消费者的感知风险和购买风险，建立消费者信心，提升购买可能性和满意度，增加知识提供者收益[105]。例如，知乎 Live 为了解除消费者的后顾之忧，就推出了无理由退款机制。

（2）通过价格机制、补贴奖励机制和知识产权保护机制激励知识提供者进行认知盈余变现。

现有文献对提供者知识转移的内驱力进行了大量探讨，Lee 和 Ahn[106]基于社会交换理论构建知识转移的关系模型，发现薪酬、晋升等奖励对知识转移行为有显著影响。Wasko 和 Faraj[16]指出，当用户意识到转移知识将极大地提升其声誉时，他们就越愿意去贡献知识。Chennamaneni 和 Teng[107]认为知识提供者转移知识源于帮助他人带来的愉悦感，从而将感知愉悦作为衡量知识转移动机的指标，发现这种愉悦感对知识转移行为具有促进作用。然而，作为市场经济的基本特征与实现资源有效配置的关键基础，平台方将价格机制引入知识市场，不仅可以对知识消费者进行有效筛选，提升知识交易的匹配效率和交易效率，还能极大地增加知识提供者认知盈余带来的收入，从根本上激励提供者参与知识交易。

同时，共享经济背景下的知识交易属于双边市场经济，这是区别于传统知识交易的又一显著特征。考虑到知识交易还处于发展早期，为了尽快实现规模经济与范围经济，最大限度地发挥网络外部性效应，就必须激励知识提供者加入平台。对知识提供者进行的资金补贴可以直接降低其知识交易成本，达到锁定头部知识生产者的目的。例如，知乎 Live 对知识提供方的知识交易行为进行 20%的补贴奖励，激励提供者的知识交易参与行为。

知识生产存在较大固定成本与零边际成本特征，数字化的知识产品易于复制和传播，没有知识产权保护和知识确权，他人可用极低的成本窃取知识提供者的劳动成果。这将破坏提供者的原创动力[108]，导致知识产品的生产成本无人承担，创新的激励效应缺失[109, 110]。因此，知识平台方为提供者建立了比较完善的知识产权保护制度，这既可以通过“垄断收益”产生的诱导效应激励提供者生产更多的原创性稀缺知识，也鼓励提供者参与知识交易。例如，知乎 Live 建立了专门的知识版权保护专栏，随时接受提供者的侵权投诉私信和邮件，然后以平台力量打击侵权转载，并定期发布版权维护情况，这在一定程度上提升了知识提供者的交易信心。

3.1.4　互联网技术赋能为知识交易提供支撑

知识交易是互联网免费知识发展到极度丰裕、消费者追求更具价值的知识产品及互联网技术高度发展的自然结果。互联网硬件、软件与应用技术为知识交易兴起提供了坚实的技术基础。

（1）接入技术：知识资源的规模集聚。传统条件下由于技术制约导致知识提供者与知识消费者难以“相遇”，存在大量的知识盈余闲置。然而，智能设备与移动互联网的普及重构了人与人之间的连接方式，打破了由于距离遥远和信息不通而造成的市场限制，使闲置知识变为“可交易”资源。接入技术赋能使得海量的知识资源可以通过智能设备和移动互联网的接入，高效集中到知识平台形成规模效益，充分发挥信息技术在资源配置中的优化与集成作用。此外，基于智能设备与移动互联网技术形成的知识交易信息呈病毒式扩散，将对知识提供者产生巨大的诱导效应与说服效应，使知识资源集聚呈几何级数快速增长，产生巨大的网络效应。例如，喜马拉雅、得到 APP 等，正是借助于移动通信设备，通过抓住互联网信息过载造成的用户认知焦虑，提供个性化的知识服务，才获得极大发展。

（2）匹配技术：供需数据的精准匹配。经历接入技术赋能之后，平台企业汇聚了大量知识提供者与知识消费者数据，利用大数据、云计算等技术使“人找信息”模式转变为“信息找人”模式，实现各知识参与方精准匹配，提高匹配效率。相比于传统的知识交易方式，匹配技术赋能能够使平台企业以更快速、更智能的方式来解决知识资源利用和供需匹配难题，大大降低交易成本。具体来说，知识参与者通过移动终端接入其数据，平台企业通过数据分析，应用智慧算法做出满足需求的最佳推荐，达成长尾化供给和个性化需求的精准匹配，真正实现“物尽其用”和“按需分配”的价值目标。

（3）执行技术：精准交易的便捷实现。传统知识交易模式存在两个主要障碍：其一，信息不对称使知识交易双方难以找到与之相匹配的交易者；其二，即便知识供需双方形成精准交易匹配，但执行交易所需成本太高。执行技术赋能将许多交易环节“信息化”和“算法化”，使得知识交易更加安全便捷。例如，微信、支付宝等第三方移动支付和移动终端的全面普及，使知识交易参与方可随时查询账户、转账、退款等信息，真正做到随时、随地进行支付交易，这就消除了交易双方时间与空间的限制，极大地降低了交易费用，为知识交易的持续发展提供了有力支撑。

上述讨论可归纳为图 3.1。

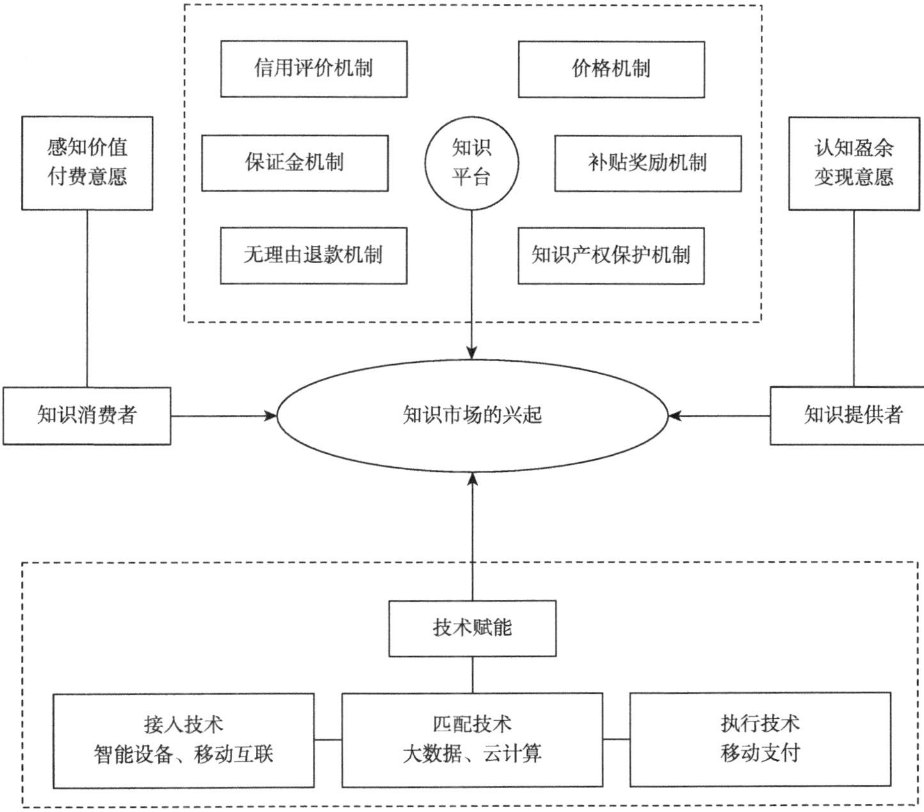

图 3.1　互联网知识交易市场的形成

3.2　互联网知识交易特征

互联网知识交易脱胎于传统的知识交易，与传统知识交易相比，还具有一些新的特征。互联网知识交易主要表现出以下特征。

（1）运营场景化。互联网知识服务平台不仅需要在纵向垂直化方面做深做精，还需要在横向水平化方面做广做全，以精准满足特定时空、特定场景的用户需求。互联网知识场景化运营表现在，以知乎 Live 为例，通过提供科学、财商、文学、艺术、社科、成长、职人、亲子等专栏，满足用户清晨、深夜、客厅、厨房、卫生间、在路上、家有宝宝、家有老人等对应的场景，确保用户随时随地都能找到合适的内容。这种场景化运营有利于提升用户的临场体验，满足消费者特定场景下私人化的消遣和学习需求。

（2）学习碎片化。除了提供结构化、体系化与专业化的知识服务，互联网知识产品主要还满足用户碎片化学习的需要，以便消费者能够随时随地利用空闲时间弥补知识漏洞。这种学习碎片化源于知识碎片化、时间碎片化、空间碎片化、媒体碎片化及思维碎片化，表现为知识产品具有短小精悍的特征，便于随时填塞消费者的碎片时间。例如，“得到 APP”平台上的知识产品，正是多样性、时长短、碎片化信息的最佳体现，又如蜻蜓 FM 的“田艺苗：十分钟读懂名曲密码”、喜马拉雅 FM 的“小学问”等，时长多控制在 10 分钟以内，以便更好地填充用户的碎片化时间。

（3）身份依赖性。不同于一般商品，消费者并不能通过生产者的身份信息对产品和服务质量做出判断。然而，知识提供者的身份信息或权威身份作为一种信任代理工具，可以较好地显示知识产品与服务的质量。消费者可以根据提供者过去的从业经历、社会身份、受教育程度等对知识产品质量做出大致判断，即知识提供者的身份背书效应和声誉约束效应。同时，在知识交易过程中，提供者的“明星”光环能够很好地满足粉丝与偶像直接交流的欲望，从而，各领域的明星专家或者知识达人相对能够获得更多的关注和支持。

（4）需求体验化。体验经济时代，用户知识交易意愿更多地源于多元化的消费体验。这种体验本质上是知识提供者打造的一种消费场景。例如，“罗辑思维”的口号“有种、有趣、有料”，就是一种从专业性和有趣性来打造的高品质内容提供的消费场景。知识产品以更简短碎片和更适应移动化的方式呈现，可以提升消费者的便捷体验；学习方式突破了传统“教与学”的被动模式，通过双向互动，并将打赏、邀约、社群等新形式融入进来，提高消费者的主动性和能动性，带来良好的交互体验和参与体验。

（5）消费随性化。互联网知识产品凭借交易额度小、购买便捷化等特征，促使消费者进行“随性消费”和冲动购买，并逐渐消解用户免费心理，产生消费依赖心理和瘾性消费行为。例如，大量知识交易平台秉持低价策略，如知乎 Live 小讲中知识价格基本上是 9.99~19.99 元，喜马拉雅的精品小课仅收取 9.9 元。在智能设备、移动支付、流媒体、人工智能等信息技术快速发展的背景下，知识交易无论是支付方式，还是平台功能，都变得越来越友好易用，便捷性和便利性也越来越强，使知识获取与学习行为实现了实时和泛在。因此，消费者会不经意间购买大量知识产品和服务。

（6）市场细分化。随着互联网知识交易进入成熟阶段，知识交易市场也不断细分化垂直化。不仅出现如喜马拉雅 FM 这样的综合性知识交易平台，产品类目涵盖商业财经、感情生活、相声评书、个人成长等众多细分领域，而且还出现众多细分利基市场的专业化知识服务商，如以知识问答为主的微博问答、悟空问答等，主打铁杆粉丝变现的小密圈、贵圈等，以读书为介质的樊登读书等。知识市场的细分化，极大地满足用户多样化的显性知识需求外，还契合了消费者对很多难以用语音表达，只能通过师徒传授、观察体悟等方式获得的隐性知识需求。

（7）价值双向隐匿性。互联网知识交易中，不仅消费者事先无法有效判断知识产品的价值，而且提供者也难以有效确定知识产品的价值，知识价值存在双向隐匿性。这是因为：针对消费者具体的知识请求，提供者需要结合自身对实践的总结、经验与体会进行个性化输出，满足用户“听得懂，记得上”的获得感，并在专业性与趣味性之间取得平衡。然而，缺少特定的质量标准来衡量这种内容输出[111]，提供者对知识价值难以把控。同时，互联网时代的知识产品主要基于语音这种高丰富度的媒介进行传播[112]，尽管音频形式在解决模糊性能力与提升临场体验方面比传统文字更强[113，114]，但是声音介质也传递出提供者的语气、态度和情绪等信号，使知识价值受到提供者的语言风格、音色、节奏、气场等多方面影响，这无疑加剧了提供者对知识价值的不确定性。

（8）运营社群化。互联网知识交易社群化运营是其核心卖点之一，如知乎主讲人创建 Live 后，相关信息会出现在其关注者的主页，关注者点击立即参与就可以进群收听。很多微信学习打卡群，也是利用建群方式售卖知识产品。提供者通过构建知识社群，方便与消费者进行交流讨论，满足消费者的互动社交需求，提高学习动机和用户忠诚度。更重要的是，提供者和潜在消费者可以通过观察学习其他用户对知识产品的评价，来缓解知识价值的双向不确定性，增加对知识产品的信赖程度和付费意愿[115]。

（9）个性定制化。不同于传统的标准化模式化的被动知识获取，互联网时代的知识产品是消费者根据自身存在的疑难困惑进行的具体知识请求，带有明显的个性化定制化色彩，如涌现的知识问答模式和知识咨询模式。移动网络、智能终端、快捷支付等为知识产品的个性定制化提供了有利技术支撑。对知识提供者而言，在迎合用户个性化需求的同时打造更深层次、更精细化的内容，通过自身知识储备和专业积累实现更多个性化信息、资源和经验的输出，能够不断加深用户黏度，有效提升知识用户的支付意愿。

（10）感知价值差异性。互联网知识消费者参与知识交易，不仅源于知识产品价值，获得社交收益、体验收益、参与收益、享乐收益等也是其内在驱动力的重要组成部分。由于知识消费者个体心智模型与价值追求存在差异，消费者不仅对不同的定制化知识产品具有不同的价值感知，即使对同一定制化知识产品，由于个体差异，消费者也会产生不同的价值感知。消费者感知价值差异为提供者进行协商式定价机制提供了基础，能够使提供者根据不同消费者的具体实际进行讨价还价，最大化攫取消费者剩余。

（11）内容竞争性。尽管知识市场交易的知识都是提供者结合个人经历、经验获得的专属产品，具有一定的异质性和原创性。但是，知识产品也存在内容互替性[116]，各种知识相互借鉴与吸收，存在较大的相似性。同时，为了提高知识产品的生产效率和交易效率，平台方会对知识产品进行一定的标准化。因此，不考虑知识提供者的因素，可以认为解决类似问题的知识产品是同质的且存在相互竞争。此外，考虑到信息丰富的世界唯一稀缺的资源就是用户的注意力，而且，面对知识产品，消费者的注意力在一段时间内表现出独占性和排斥性，因此，通过信息分类、筛选和过滤而解决知识需求的提供者将会展开注意力的争夺，知识产品间必然会存在竞争关系。

（12）消费者异质性。互联网知识交易中，可以从不同的视角划分消费者类型。考虑消费者从知识产品中获得的效用是其私人信息，提供者生产知识的成本是其私人信息，知识交易双方需要经过讨价还价确定知识价格。此时，根据是否进行讨价还价将消费者分为“协商消费者”和“普通消费者”。此外，根据消费者对待非授权分享行为的态度，可将知识消费者分为“道德消费者”和“普通消费者”。道德消费者在任何情况下都不会购买侵权知识产品，只会考虑是否购买正版知识产品。普通消费者仅从经济层面考量知识产品选择问题，侵权知识和正版知识都是其潜在可选项。

（13）侵权常态化。高质量的原创知识产品需要提供者的长期积累与转化，提供者必须付出很高的生产成本。然而，以数字化电子化的方式呈现的知识产品，往往易于复制，其传播成本几乎为零，相对传统出版的知识信息更易被窃取。同时，为了争夺知识消费者和追求收益最大化，一些提供者有动力通过盗版、抄袭、转录甚至编造的方式制造大量的低质量知识，以更低的价格吸引知识用户。在知识交易实际中，一文多用，录制转卖等侵权知识肆意传播，贴吧、微博、微信公众号等评论区中，贩卖侵权资源的链接随处可见，这无疑扰乱了知识市场的交易秩序，也呼吁提供者进行知识产权保护。

（14）消费者策略性。互联网知识付费中，消费者将产生策略性购买行为，这是因为：其一，缓解知识价值的“易逝性”。消费者可从知识产品中获得内容价值、体验价值、情感价值[34]等价值感知，但其所获价值会随时间贬值。信息大爆炸时代，各种信息和新知识层出不穷，不断迭代，今天掌握的知识，明天可能就不再适用，用户需要根据自身的吸收能力进行购买决策的权衡。其二，减轻知识价值的“不确定性”。知识产品属于体验品，提供者很难通过发送一种标准化的信号让用户相信其知识产品具有高价值。考虑到产品社群、网络社区的兴起，用户能够根据已有产品评价了解知识的价值，这促使用户进行策略性购买。提供者通过价格承诺来缓解消费者的策略性行为。

（15）平台化运营。传统出版、咨询行业均采用线下形式，不依托互联网平台，而当前的知识付费依托互联网平台实现知识的直接变现。互联网平台是一种虚拟的交易场所，其本身不生产产品，通过提供服务促成双方或多方供求之间的交易，收取佣金盈利。例如，知乎 Live 主讲人通过在知乎平台上创建 Live，知识消费者在平台上购买并参与 Live，知乎 Live 平台提供创建、审核、互动、推广及收益转账并收取 30%的服务费，整个交易流程围绕知乎平台进行。在互联网知识付费过程中，平台扮演着虚拟市场的角色，实现买卖双方的交易，平台在互联网背景下具有不可替代的作用。知识产品定价问题绕不开平台角色。

3.3 本章小结

本章重点分析了互联网知识交易市场的形成，认为知识消费者感知价值获得是知识交易的基础，知识提供者认知盈余变现是知识交易的前提，平台方机制设计为知识交易提供了保障，而互联网技术赋能为知识交易提供了支撑，这些都是形成互联网知识交易市场的重要因素，为讨论互联网知识交易定价机制提供了研究前提。

本章通过对互联网知识交易的特征分析，试图探讨不同约束条件下存在的现实问题和治理困境。本章为接下来的定性研究提供了坚实的现实依据和理论基础。

第 4 章　社群学习环境下的知识产品定价机制

本章重点考察知识订阅模式下，知识价值双向隐匿性引致的治理困境，以及社群学习如何缓解知识价值隐匿性的逻辑机理。通过将社群学习纳入知识交易动态定价博弈模型，探讨社群学习下知识消费者的决策行为和知识提供者的定价机制。本章结构安排如下：第一部分提出研究问题；第二部分为模型假设，并重点刻画社群学习及知识交易参与者对社群学习的理性预期；第三部分构建知识交易两阶段动态博弈定价模型，对模型均衡进行比较静态分析，并基于数值仿真讨论福利效应；最后是本章小结。

4.1　问 题 提 出

知识价值的隐匿性是影响互联网知识交易效率的关键因素。根据阿罗信息悖论，知识消费者在购买前无法识别产品价值，而他一旦获得该知识，便可能不会为其付费[117]。知识价值的不确定性使消费者只有购买使用后才能发现是否“货真价实”，这将导致其面临极高的交易风险。对于知识提供者而言，需要针对消费者具体需求进行个性化知识供给，然而，缺乏客观质量标准来衡量这种内容输出[112]，使其难以有效评估知识价值。同时，互联网时代知识产品常常基于语音这种高丰富度的媒介进行传播[113]。以声音为介质的传播形式便于传递知识提供者的语气、态度和情绪等信号，在解决模糊性与提升临场体验方面比传统文字更强[114，115]，但也使知识价值受到语言风格、节奏和气场等多方面影响，这无疑加剧了提供者对知识价值的不确定性。按照信息经济学观点，知识价值的隐匿性加剧了交易双方的信息不对称，将导致“卖方机会主义”[117]“买方机会主义”[27]行为①。

互联网知识交易内嵌于社群组织之中，“社群化运营”是其显著特征。网络社群成员交互所产生的信息外溢效应在知识隐匿价值显现化过程中扮演了关键角色。一方面，知识消费者通过汲取其他社群成员的体验信息（消费者“社群学习”）形成对产品价值的精确判断[56]，从而做出最优购买决策。另一方面，知识提供者也可从网络社群中获取消费者反馈信息，对知识产品价值产生更清晰认知（提供者“社群学习”），有利于其进一步明确产品定位[118]。因此，考虑到社群学习效应可为产品价值“显现化”提供线索，知识提供者可先期制定相对较低“社群价格”以培育和构建产品社群，然后参考社群学习效应制定相应的“市场价格”。

纵观当前部分知识交易平台所遭遇的“付费意愿下降”和“优质内容流失”等现实挑战，其深层原因可能来自现行产品定价机制的“主观化”与“静态化”。事实上，考虑到知识价值隐匿性和网络社群学习效应，知识交易双方将经历一个相当复杂的博弈过程。对于知识消费者而言，需要在初期购买获得“尝鲜收益”与后期决策获得“信息收益”之间进行权衡。对于知识提供者而言，则必须考虑社群学习对消费者购买决策的影响，并结合自身对产品价值信念调整合理制定两阶段价格策略。

由此可见，知识交易产品定价显然是一个“摸着石头过河”的动态博弈过程。在这里，利用社群规模、社群活跃度与社群交互效率等因素刻画社群学习过程，通过构建一个知识交易两期动态定价分析框架，探讨以下关键问题：①知识交易进行“动态”定价的经济逻辑是什么？②考虑知识消费者行为模式变化，知识提供者应如何制定社群价格与市场价格？③网络社群因素对知识提供者定价机制有何影响？④社群学习环境下知识提供者福利水平有何变化？从理论层面揭示以上问题答案，对于知识交易业态长期健康发展极具现实意义。

这为知识交易中常见的“前期低价赚吆喝，后期高价割羊毛”定价模式提供了一个独到理论解释：考虑到知识价值的隐匿性特征，社群学习引致的“策略效应”与“信息效应”将延迟消费者购买决策。此时，知识提供者需要制定较低的社群价格（相对于市场价格），通过“价格补贴”吸引消费者在前期参与知识交易，以便构建产品社群，发挥社群学习在信息传递与价值发现中的作用。

---

① 知识交易中，知识价值的隐匿性将导致双边机会主义行为。一方面，知识提供者可能言过其实，夸大知识价值。从而，现有的知识静态（固定）定价可能使知识消费者获得少于应得的效用，即卖方机会主义。另一方面，知识消费者可以否认获得效用，或者声称获得很低的效用。从而，现有的知识静态（固定）定价可能导致知识提供者获得少于应得的收益，即买方机会主义。

4.2 知识交易参与者行为假设

4.2.1 知识提供者

考虑知识交易市场存在单一知识提供者，向多个潜在知识消费者销售某种知识产品。假设知识提供者采取两期动态定价策略：第一期价格为 p_1（“社群价格”），第二期价格为 p_2（“市场价格”）。假设知识产品的单位生产成本①为 c，且 $c<1$。根据下文假设，这将确保部分消费者群体的效用高于单位生产成本。一般而言，卖方比买方更有耐心，因此假定知识提供者收益贴现因子为 1[119，120]，其目标是实现两期收益最大化。

4.2.2 知识消费者

假设知识市场总体规模标准化为 1。考虑到知识产品非重复性交易特征，每位消费者至多购买 1 单位知识产品。消费者可从知识产品中获得两方面效用收益[67，121]：

一是知识产品价值（ q ），即知识内容本身。知识价值的隐匿性使消费者在购买前并不知晓知识价值，只有购买后才能获悉。假定消费者付费体验后感知的知识价值服从正态分布，$q \sim N\left(\bar{q},\sigma_q^2\right)$[122]。其中，$\bar{q}$ 表示知识产品不可观测的平均价值，σ_q 表示消费者感知知识价值的差异性。

二是源于参与收益（ e ），指参与知识付费获得的附加收益，如与各种知识“达人”或“行家”建立直接联系获得的社交体验，通过缓解知识焦虑获得的精神慰藉与心里满足等[4]，e 在 $[0,1]$ 上服从均匀分布。

综上所述，消费者的效用函数可定义为

$$u_t=\delta^{t-1}\left(e+q_t-p_t\right),\quad t=\{1,2\}$$

其中，δ 表示消费者耐心程度（贴现因子），$\delta\in[0,1]$。δ 越小表明消费者越可能在第一期购买知识产品，δ 越大则越可能延迟到第二期进行决策。这里将消费者

① 在知识交易中引入单位生产成本，主要有以下考虑：其一，对于知识问答类产品，如“在行一点”平台上“一对一”的知识服务，“每件知识”的生产成本即单位生产成本。其二，对于知识订阅类产品，如“得到”平台上“一对多”的知识提供，尽管固定成本较高（不失一般性，假设固定成本为零），但考虑知识产品“越辩越明”的特征，提供者需要在后续服务中针对每位消费者具体的“疑难困惑”投入大量时间精力成本，此时后续服务成本即为单位生产成本。

在第一期购买知识（不存在贴现）而避免的效用损失称为“尝鲜收益”，也可理解为消费者延期决策时的效用贬值[27, 123]。在知识付费中，早期购买的消费者因最先接触到知识内容，从而可以标榜自我满足炫耀心理等，这些是延期购买所没有的尝鲜收益。同时，q_1表示消费者在第一期购买知识产品时，对知识价值的先验信念；q_2表示经过社群学习调整后，对知识价值的后验信念。

4.2.3 社群学习

知识价值具有“隐匿性”，知识提供者和潜在消费者需要通过在产品社群中与“尝鲜者”（第一期购买者）进行交流互动调整产品信念，实现知识价值的“显现化”。假设交易双方事前对知识产品不可观测的平均价值$\overline{q}$（社群学习目标）的先验信念为$\tilde{q}_1$，$\tilde{q}_1 \sim N\left(q_1,\sigma_1^2\right)$。不失一般性，假定$q_1=0$。

在第一期，假定有n个消费者购买知识产品（$n\in[0,1]$），n可以视为社群规模。同时假定产品社群中有$m(=\beta n)$个消费者发布了知识价值报告q^M。在这里，$\beta\in[0,1]$刻画了社群活跃度，q_a为m个消费者感知知识价值的均值。

在第二期，知识提供者与潜在消费者基于知识价值报告（q^M）进行社群学习，将先验信念（$\tilde{q}_1$）更新为后验信念（$\tilde{q}_2$），即$\tilde{q}_1 \mid q^M$。根据附录 1 分析可知，后验信念$\tilde{q}_2$也服从正态分布，$\tilde{q}_2 \sim N\left(q_2,\sigma_2^2\right)$，其中，

$$q_2=\frac{1}{\beta n\lambda+1}q_1+\frac{\beta n\lambda}{\beta n\lambda+1}q_a,\quad \sigma_2^2=\frac{\sigma_1^2}{\beta n\lambda+1} \tag{4.1}$$

在这里，$\lambda=\dfrac{\sigma_1^2}{\sigma_q^2}$，$\lambda\in[0,+\infty)$。考虑到$\lambda$越大，社群交互对交易主体形成知识价值后验信念的影响越大（即q_a在后验信念q_2中占比越大），表明知识价值报告越“有用”，将λ定义为“社群交互效率”①。

根据式（4.1）可知，提供者与潜在消费者对知识价值的后验信念q_2为先验信念q_1（$q_1=0$）与社群感知的价值均值q_a的加权平均。这表明：一方面，如果社群规模越大或者社群活跃度越高，更多的价值报告信息将使交易主体对知识价值形成更精准认知。另一方面，如果社群交互效率越高，交易双方获得信息越“有

---

① $\lambda=\dfrac{\sigma_1^2}{\sigma_q^2}$，需要注意两种极端情形：第一，如果$\lambda=0$，知识交易双方关于知识价值的后验信念$\tilde{q}_2$与先验信念$\tilde{q}_1$相同。这表示交易双方对知识价值不存在不确定性（$\sigma_1\to 0$），或者交易双方从社群发布的知识价值报告中不能获得任何有用的信息（$\sigma_q\to+\infty$）。此时，代表社群交互效率极低。第二，如果$\lambda\to+\infty$，交易双方将完全接受社群发布的知识价值报告，这表示社群价值报告很“有用”。此时，代表社群交互效率极高。

用”，更接近获悉知识产品价值。显然，产品社群中交互信息（ βn ）的多寡与交互效率（ λ ）的高低将直接影响交易主体的知识价值判断，继而影响消费者决策行为与提供者定价机制。因而，利用社群规模（ n ）、社群活跃度（ β ）与社群交互效率（ λ ）来刻画知识交易主体的社群学习行为。

基于以上讨论，下面分析知识消费者对社群学习的理性预测。在第二期，只有当 $E[u_2]=\delta(e+q_2-p_2)\geqslant 0$ 时，消费者才会购买知识。逆推至第一期，消费者购买决策依赖于其对第二期购买所获效用（取决于后验信念 q_2 ）的理性预测。此时，对知识价值的后验信念 q_2 的事前（第一期）预测服从均值为 0、标准差为 $\sigma_1\sqrt{\dfrac{\beta n\lambda}{\beta n\lambda+1}}$ 的正态分布（附录 2）。知识提供者对社群学习的理性预测与此类同。知识交易双方对社群学习的事前理性预测，为其第一期决策行为提供了指导。

为方便下文讨论，定义 $f(\cdot;z)$ 为均值为 0、标准差为 $\sigma(z)$ 的随机变量的概率密度函数。其中， $\sigma(z)=\sigma_1\sqrt{\dfrac{\beta(1-z)\lambda}{\beta(1-z)\lambda+1}}$ ； $F(\cdot;z)$ 为其累计分布函数，存在 $\bar{F}(\cdot;z)=1-F(\cdot;z)$ 。

4.2.4　决策时序

考虑到知识价值的隐匿性与社群信息的可得性，知识交易双方在不同时期的决策过程为：在第一期，知识提供者设定社群价格 p_1 ，知识消费者需要在第一期购买与延迟到第二期决策之间做出选择，第一期购买知识的消费者将构建产品社群，发布知识信息。在第二期，知识提供者和消费者根据社群中体验信息调整产品价值信念，进而知识提供者制定产品市场价格 p_2 ，消费者决定是否购买。根据以上分析，建立知识交易中参与人决策时序图如下（图 4.1）。

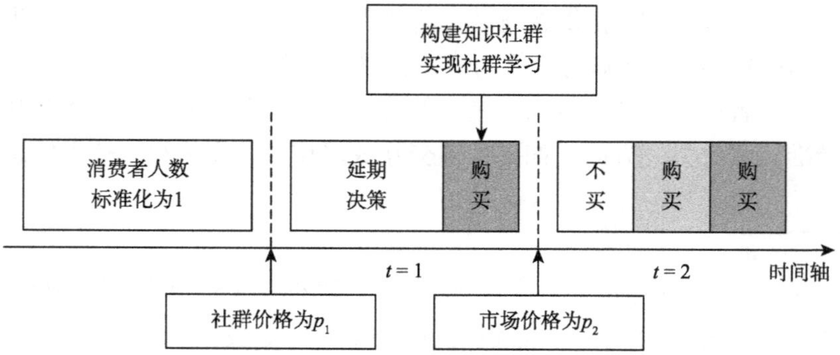

图 4.1　知识交易中参与人决策时序

为了便于理解模型，表 4.1 对书中涉及的主要参数含义总结如下。

表 4.1　主要参数含义

参数	含义
p_1、p_2	社群价格和市场价格
c	知识单位生产成本
e	参与收益
q、$\bar{q}$、σ_q^2	知识价值、知识平均价值与知识价值感知的差异性
δ	耐心程度或贴现因子
u_1、u_2	消费者第一期效用和第二期效用
$\tilde{q}_1$、q_1、σ_1^2	知识价值的先验信念、先验信念中知识价值均值与知识价值感知差异性
$\tilde{q}_2$、q_2、σ_2^2	知识价值的后验信念、后验信念中知识价值均值与知识价值感知差异性
n	社群规模
β	社群活跃度
$m(=\beta n)$	社群中发布知识价值报告的消费者人数
q^M	m 个消费者发布的知识价值报告
q_a	m 个消费者感知知识价值的均值
λ	社群交互效率
θ	消费者的购买门槛（无差异点）

4.3　知识交易两阶段动态博弈定价模型

考虑到知识产品价值的隐匿性，交易主体往往基于社群学习实现其价值显现化，知识提供者将通过适应性的动态定价实现收益最大化。接下来，构建社群学习情境下的知识交易两期动态定价博弈模型。通过逆向归纳法，首先探讨第二期知识市场价格。然后，分析第一期知识社群价格。最后，进行两期价格对比以及比较静态分析。

4.3.1　市场价格

给定知识产品的社群价格 p_1，消费者将采用门槛购买策略[124]，部分消费者将在第一期购买。假设在第一期消费者决策后，第二期剩余消费者人数为 $\overline{e}$，其参与收益e在$[0,\overline{e}]$上服从均匀分布，$\overline{e}\in[0,1]$。考虑到在第二期，交易双方可以根据第一期消费者发布的知识价值报告更新产品后验信念为q_2。此时，消费者将产生新的支付意愿$e+q_2$，提供者会制定最优的市场价格p_2^*。知识提供者第二期的收益函数为

$$\max_{p_2}\pi=(p_2-c)\left[\min(\overline{e},\overline{e}+q_2-p_2)\right]^+$$

接下来分析第二期消费者最优购买决策与提供者最优定价机制。

由$e\sim U[0,\overline{e}]$可知，第二期消费者的支付意愿在$[q_2,q_2+\overline{e}]$上服从均匀分布。

（1）当$q_2\leqslant c-\overline{e}$时，$q_2+\overline{e}\leqslant c\leqslant p_2$，此时，所有剩余消费者都不会在第二期购买知识。因此，知识产品的最优市场价格$p_2^*=c$，均衡收益$\pi^*=0$。

（2）当$q_2>c-\overline{e}$时，给定提供者的收益函数$\pi(p_2)=(p_2-c)\min\{q_2+\overline{e}-p_2,\overline{e}\}$，由于当$p_2<q_2$时，$\pi(p_2)=(p_2-c)\overline{e}$不存在最优解。

因此，只考虑当$p_2\geqslant q_2$时，提供者收益函数为$\pi(p_2)=(p_2-c)(q_2+\overline{e}-p_2)$的情形。分以下两种情况讨论：

a. 当$c-\overline{e}<q_2\leqslant c+\overline{e}$时，提供者收益函数在此区间为上凸的。因而，知识产品的最优市场价格$p_2^*=\dfrac{q_2+c+\overline{e}}{2}$，均衡收益$\pi^*=\left(\dfrac{q_2+\overline{e}-c}{2}\right)^2$；

b. 当$q_2>c+\overline{e}$时，提供者收益函数在$p_2\geqslant q_2$上处于下降区间。因而，知识产品的最优市场价格$p_2^*=q_2$，均衡收益$\pi^*=(q_2-c)\overline{e}$。

综合以上分析，可得如下命题：

命题 4.1 最优市场价格依赖于单位生产成本、消费者参与收益和知识价值后验信念，且与知识产品价值之间呈现“非线性”关系。具体如下：

①当知识产品价值较低（$q_2\leqslant c-\overline{e}$）时，最优市场价格为$p_2^*(q_2,\overline{e})=c$；

②当知识产品价值适中（$c-\overline{e}<q_2\leqslant c+\overline{e}$）时，最优市场价格为$p_2^*(q_2,\overline{e})=\dfrac{q_2+c+\overline{e}}{2}$；

③当知识产品价值较高（$q_2>c+\overline{e}$）时，最优市场价格为$p_2^*(q_2,\overline{e})=q_2$。

消费者最优购买策略：当参与收益不小于某一门槛值（$e\geqslant\theta'=p_2^*(q_2,\overline{e})-q_2$）时，消费者将购买知识产品。

根据命题 4.1 可知，在通过社群学习实现价值发现基础上，知识提供者应依据知识价值（后验信念）灵活制定市场价格。一般而言，最优市场价格与知识价值呈现出“非线性”关系。如果q_2相对较小，知识消费者的购买意愿严重不足。在任何市场价格p_2下，消费者都不能获得正效用，提供者难以攫取正收益。此时，知识提供者的最优市场价格为单位生产成本。如果q_2处于适中水平，知识消费者

购买意愿相对较高，提供者最优市场价格受到知识价值、单位生产成本与第一期消费者决策行为$\overline{e}$（取决于消费者参与收益）的影响。如果q_2相对较大，所有剩余消费者的支付意愿都较高，提供者最优市场价格为知识价值，这将使所有剩余消费者都为知识产品付费。显然，知识价值后验信念$q_2\left(\dfrac{\beta n\lambda}{\beta n\lambda+1}q_a\right)$与消费者参与收益（$e$）通过影响消费者支付意愿，进而决定知识提供者市场价格制定。

命题4.1的经济意义为：知识提供者制定的最优市场价格取决于消费者支付意愿的高低。因而，如果需要提高消费者购买意愿，提供者可以采取以下措施：其一，提供者要明白“质量才是硬道理”。必须秉承匠人精神打造精品内容，通过思考力与原创力来提升知识价值，利用良好社群口碑（q_a）赢得消费者信任。其二，提供者还需懂得“酒香也怕巷子深”。不仅应借助网络社群扩散产品体验信息（β与n），而且应减少垃圾信息泛滥以调控社群交互的效率（λ）。其三，除了对优质知识内容的渴求，缓解知识焦虑、增强自我认同与获得情感共鸣等也是知识消费者的客观诉求。针对消费者的异质性需求，知识提供者要通过满足其多样化体验（e）提升其支付意愿。

4.3.2　社群价格

逆推至知识交易的第一期，提供者与消费者都将预测其行为对第二期子博弈均衡的影响。对于知识消费者而言，如果延期至第二期决策，则可以通过社群学习获得关于知识价值的“信息收益”。如果在第一期购买，则可避免延期决策带来的效用贴现损失而获得“尝鲜收益”。同时，还能为构建产品社群“添砖加瓦”，有助于进一步增强社群学习的“信息收益”。因此，在消费者购买博弈均衡下，必定存在一个无差异点（购买门槛），使得部分消费者在第一期购买，部分消费者延期至第二期决策。下面通过引理4.1刻画消费者第一期购买行为。

引理4.1　知识消费者第一期决策受到社群价格（p_1）与参与收益（e）影响，具体表现为：

①当$p_1\leqslant\dfrac{2-\delta(1-c)}{2}$时，参与收益大于门槛值$\left(e\geqslant\theta(p_1)\right)$的消费者将购买产品；参与收益小于门槛值$\left(e<\theta(p_1)\right)$的消费者将延期决策。

②当$p_1>\dfrac{2-\delta(1-c)}{2}$时，所有消费者都将延期决策。

在这里，$\theta(p_1)\in[p_1,1]$为函数$\theta-p_1=\delta\int_{c-\theta}^{+\infty}\left(\theta+q_2-p_2^*(q_s,\theta)\right)f(q_2;\theta)\mathrm{d}q_2$的

唯一解，$\theta(p_1)$为消费者在第一期购买和延期至第二期的无差异点，表示消费者的购买门槛。消费者购买门槛$\theta(p_1)$与社群活跃度（β）和社群交互效率（λ）呈正相关关系。

证明见本章附录附录3。

根据引理4.1可知，如果社群价格较低，则参与收益相对较高的消费者会选择在第一期购买，而参与收益相对较低的消费者将延期决策。这是由于，一方面，尽管知识价值存在隐匿性，但社群价格较低可以降低消费者的交易风险，实现失败成本可控。另一方面，考虑到效用贴现问题，具有高参与收益的消费者在第一期购买能够避免较大效用损失，从而整体上获得更高的"尝鲜收益"。如果社群价格较高，所有消费者都会延期决策，即便是对知识产品极其热忱的"忠实粉丝"也不例外。此时，尽管消费者延期决策后不能通过社群学习获得知识价值信息，但预期到知识市场价格下降（下文推论4.1），消费者延期决策可以降低"价质不匹配"的风险。

需要注意的是，在社群学习情境下，消费者第一期购买门槛与社群活跃度和社群交互效率呈正相关关系，即社群活跃度与社群交互效率越高，消费者第一期购买门槛越高，越多消费者将延期至第二期做决策。可能原因在于：知识产品因其价值隐匿性往往伴随较高购买风险，在信息不充足情况下消费者难以做出抉择。如果社群活跃度或社群交互效率较高，消费者可借此获取更多产品体验信息，有利于其做出最优购买行为，消费者从而倾向于延期决策。在这里，将社群学习导致消费者延期决策的行为称为"策略效应"。

基于以上分析，讨论知识提供者在第一期最优的社群价格。提供者通过p_1^*实现期望收益最大化：

$$\max_{p_1} \pi = (p_1 - c)(1-\theta) + \int_{c-\theta}^{c+\theta}\left(\frac{\theta + q_2 - c}{2}\right)^2 f(q_2;\theta)\mathrm{d}q_2 + \int_{c+\theta}^{+\infty}\theta q_2 f(q_2;\theta)\mathrm{d}q_2 \tag{4.2}$$

考虑到直接求解目标函数最优解的复杂性，将首先通过命题4.2刻画最优均衡解的特征。然后利用数值仿真，通过命题4.3给出提供者最优动态定价机制。

命题4.2　最优社群价格存在上限阈值$\left(p_1^* \leqslant \dfrac{2-\delta(1-c)}{2}\right)$，以确保营造出社群学习氛围。

证明见本章附录附录4。

根据命题4.2可知，知识交易中任何导致所有消费者延期决策的社群价格都不是最优的。一个可能的解释为：如果社群价格超过上限阈值，则所有消费者都延期决策，这样将导致不存在知识产品社群。此时，消费者不能通过延期决策获得信息收益，提供者也难以制定合理的知识价格。然而，如果知识社群价格没有超过上限阈值，则部分消费者会第一期购买，这将有利于产品社群的构建，交易双方也能从社群中获得知识价值信息。此时，消费者可以根据知识价值决定最佳决策，提供者能够依据消费者决策变动以及自身对知识价值信念的调整进行灵活定价。最后，将最优社群价格 p_1^* 代入最优市场价格表达式，可知最优市场价格为 $p_2^*\left(q_2,\theta\left(p_1^*\right)\right)$。

命题 4.2 回答了一个重要问题：如何发挥社群学习在信息传递与价值识别中的关键作用，实现知识隐匿价值的显现化？知识提供者首先需要制定一个合适的社群价格，确保部分消费者愿意在早期购买产品，以便构建知识产品社群。从产业实践来看，知识提供者通过设置“社群价格”的方式构建产品社群，符合知识交易产业发展趋势。例如，订阅“得到”同一专栏的用户就会建立学习微信群。又如，知乎 Live 也利用专门讨论区或留言板来组建在线社群，方便已购买消费者进行信息反馈。

为产品社群设定“付费门槛”存在两个层面作用：一方面可以作为信息甄别工具，将众多“低端”或“不相干”的用户阻挡在门外[125]，避免社群信息泛滥，以便提供者及时获得知识价值信息；另一方面，付费也是有效的信息过滤机制，消费者更信任已购买消费者发布的产品信息[66]，这有利于降低消费者的搜寻成本，方便他们直接获悉产品体验信息。

4.3.3　两期价格对比分析

在上述分析的基础上，根据以下约束条件，进一步分析不同参数空间下知识提供者的最优定价机制。

$$p_1^* \leqslant \frac{2-\delta(1-c)}{2} \tag{4.3}$$

$$\theta - p_1 = \delta\left(\int_{c-\theta}^{c+\theta}\left(\theta + q_2 - \frac{q_2+c+\theta}{2}\right)f(q_2;\theta)\mathrm{d}q_2 + \int_{c+\theta}^{+\infty}\theta f(q_2;\theta)\mathrm{d}q_2\right) \tag{4.4}$$

$$f(q_2;\theta) = \frac{\sqrt{\beta(1-\theta)\sigma_1^2+\sigma_q^2}}{\sqrt{2\pi}\sqrt{\beta(1-\theta)\sigma_1^4}}\exp\left(-\frac{q_2^2\left(\beta(1-\theta)\sigma_1^2+\sigma_q^2\right)}{2\beta(1-\theta)\sigma_1^4}\right) \tag{4.5}$$

$$p_2^*\left(q_2,\theta\left(p_1^*\right)\right) = \begin{cases} c, & q_2 \leqslant c-\theta\left(p_1^*\right) \\ \dfrac{q_2+c+\theta\left(p_1^*\right)}{2}, & c-\theta\left(p_1^*\right) < q_2 \leqslant c+\theta\left(p_1^*\right) \\ q_2, & q_2 > c+\theta\left(p_1^*\right) \end{cases} \tag{4.6}$$

其中，不等式（4.3）表示提供者最优社群价格需要满足的条件；等式（4.4）表示消费者第一期购买门槛需要满足的隐函数；式（4.3）和式（4.4）保证了部分消费者在第一期购买知识，部分消费者延期决策；等式（4.5）是随机变量 q_s 概率密度函数的具体形式；等式（4.6）为提供者最优市场价格。

利用 Matlab 软件对目标函数（4.2）、约束条件（4.3）（4.4）（4.5）及（4.6）进行编码仿真。参照 Papanastasiou 和 Savva[66]的研究，设置参数 $c=0.2$ ，$\sigma_q^2=1$ ，以求解最优定价 $\left(p_1^*,p_2^*\right)$ 。并利用图 4.2 直观描绘由 $\delta\in[0,1]$ ，$\beta\in[0,1]$ 与 $\lambda\in[0,10]$ 构成的三维空间下最优定价 $\left(p_1^*,p_2^*\right)$ 的分布特征。图 4.2 中的白色区域表示最优社群价格大于最优市场价格，阴影部分表示最优社群价格小于最优市场价格。据此提出如下命题：

命题 4.3　知识提供者一般应该采用“先低后高”的渗透式定价方式，即 $p_1^*\leqslant p_2^*$ 。

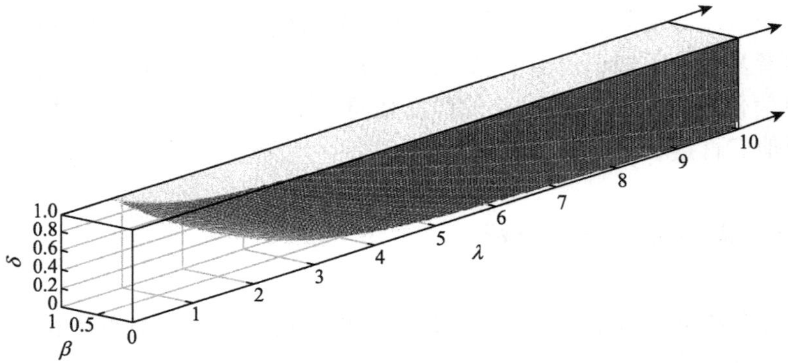

图 4.2　知识产品两期最优定价对比（白色区域表示 $p_1^*>p_2^*$ ，阴影部分表示 $p_1^*\leqslant p_2^*$ ）

考虑到通过在线社群可知情更多知识体验信息以辅助决策，知识消费者一般具有较高的耐心。同时，知识产品社群中的信息分享激励机制与净化机制等确保了相对较高的社群活跃度与社群交互效率[126]。此时，知识提供者的理性选择是采用渗透定价机制 $p_1^*\leqslant p_2^*$（图 4.2 阴影部分区域）。

命题 4.3 背后的逻辑为：当社群活跃度与社群交互效率较高时，社群学习引致的“策略效应”会加剧消费者的延期决策倾向。此时，提供者需要制定一个相对较低的社群价格。一方面，知识价值的隐匿性使消费者面临较大的购买风险，导致其支付意愿较低，这需要通过较低社群价格来提升其尝试意愿；另一方面，利用较低社群价格扭转消费者延期购买倾向，从而避免出现“不存在社群学习”的尴尬局面（根据下文可知，社群学习情境下提供者可获得更高收益），以发挥社群学习在信息传递与价值发现中的作用。

同时，当社群活跃度与社群交互效率较高时，延期决策的消费者可以通过社群学习获得更精准的知识价值信息。从而，社群学习带来的“信息效应”使得消费者具有较高的支付意愿（同时也会引起消费者延期购买倾向），提供者通过制定一个相对较高的市场价格可实现整体收益最大化。因此，社群学习引致的“策略效应”和“信息效应”，通过重塑知识消费者的决策行为模式，进而倒逼知识提供者制定“先低后高”的动态定价机制。

命题 4.3 对知识提供者制定定价机制具有启发意义：知识产品社群为知识价值显性化提供了有效手段。因此，知识提供者应“摸着石头过河”进行动态定价：首先面对前期消费群体给出“社群价格”，以便构建产品社群；然后依据社群信息反馈制定后期“市场价格”，这有利于解决采用“静态化”的固定定价导致的交易困境。进一步，知识提供者应该采取“先低后高”的渗透定价。这样不仅可以发挥产品社群的信息外溢效应，还能够利用这种差别化定价最大化攫取消费者剩余。在知识交易实践中，这种渗透式定价模式普遍存在，当知识价值获得消费者认可后，提供者一般都会采取提价策略。例如，“得到”平台上的一款知识产品“如何成为有效学习的高手”，前期的社群价格为 9.9 元，后期市场价格涨至 19.9 元。

下面考虑一种极端情况：如果社群活跃度极低（$\beta=0$，俗称“僵尸群”），或者社群交互效率极低（$\lambda=0$，如“垃圾广告群”），这代表不存在社群学习的情境。此时，知识交易双方将不能借助社群学习获得有价值信息，知识提供者定价机制将如何变动？通过模型分析可得如下推论：

推论 4.1　如果社群活跃度（β）极低或者社群交互效率（λ）极低时，知识提供者将采用“先高后低”的撇脂定价机制，即 $p_1^* > p_2^*$。

证明见本章附录附录 5。

知识提供者采用撇脂定价机制的原因为：当社群活跃度极低或社群交互效率极低时，消费者并不能从社群中获得知识价值信息。一方面，这将导致消费者延期决策动机下降，提供者可以利用消费者的尝鲜心理，制定相对较高的社群价格获得较高收益；另一方面，延迟决策的“信息收益”急剧下降，消费者延期购买的预期效用降低，也促使提供者制定相对较低的市场价格。当不存在社群学习时，提供者的这种差别化定价可以实现整体收益最大化。

4.3.4　比较静态分析

从上文分析可知，提供者最优定价机制依赖于消费者耐心程度（δ）、社群活跃度（β）与社群交互效率（λ）等参数。下面将通过数值仿真考察这些参数对最优社群价格 p_1^* 与最优市场价格 p_2^* 的具体影响，得到一些启发性观点。

1）消费者耐心

首先，考察消费者耐心程度δ对p_1^*与p_2^*的影响。给定社群活跃度$\beta=1$，社群交互效率λ分别取1、2、3和4的情况下，求解目标函数(4.2)中的p_1^*与式(4.6)中的p_2^*。图4.3描绘了p_1^*与p_2^*随耐心程度δ的变动轨迹。

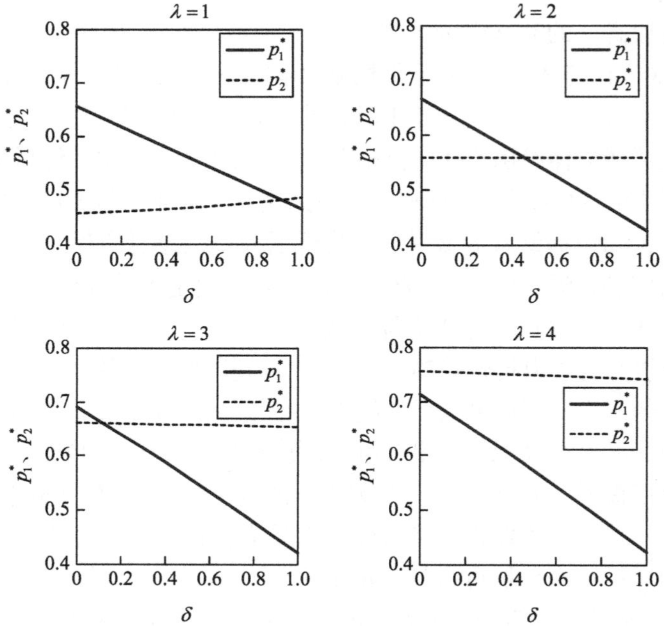

图4.3　不同社群交互效率下知识最优价格与耐心程度之间的关系

由图4.3可得以下两个结论：①最优社群价格随耐心程度增加而递减，而最优市场价格随耐心程度增加变化不明显；②随着社群交互效率的提高，当耐心程度高于某一门槛值时，最优市场价格总是大于最优社群价格。

移动互联时代，消费者追踪产品可获得性与监督厂商行为决策的能力不断提升[127]。消费者有条件综合各种社群信息以决定“购买什么”及“何时购买”，从而变得“更有耐心”。知识提供者在制定价格时必须重视消费者耐心程度的变化：随着消费者耐心程度的提升，提供者应制定相对较低的社群价格吸引消费者尝鲜，以便在销量信号与广告效应的推动下提高用户的购买信心与产品认知。同时，针对社群交互效率引致的“信息效应”增加，提供者可在消费者承受范围内制定较高的市场价格以攫取更高收益。

2）社群活跃度

其次，考察社群活跃度β对p_1^*与p_2^*的影响。给定耐心程度$\delta=0.5$，社群交互效率λ分别取1、2、3和4的情况下，求解目标函数（4.2）中的p_1^*与式（4.6）

中的 p_2^*。图 4.4 描绘了 p_1^* 与 p_2^* 随社群活跃度 β 的变动轨迹。

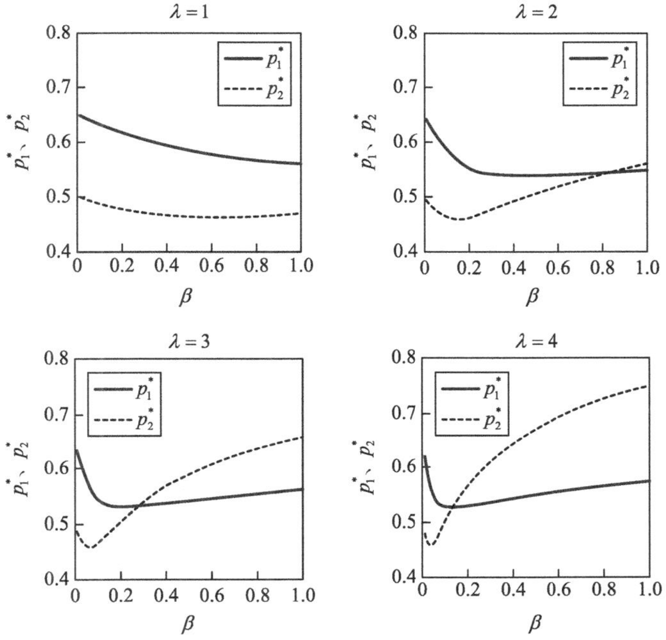

图 4.4　不同社群交互效率下最优价格与社群活跃度之间的关系

由图 4.4 可以得到以下两个结论：①最优社群价格和最优市场价格均随社群活跃度先递减后递增；②随着社群交互效率增加，当社群活跃度高于某一门槛值时，最优市场价格总是大于最优社群价格。

知识交易包括“内容+社群”两个核心组件，打造以产品信息交流为“护城河”的活跃社群，是实现隐匿价值显现化的重要手段。在知识交易中，社群活跃度首先受到成员分享意愿的影响，好的产品体验与情感卷入，能够激起成员的利他心理，更愿意进行信息分享。其次，与产品特征有关，如知识这种体验品，价值不确定性较大，消费者需要进行更多互动获取精准信息。最后，社群活跃度还离不开提供者这个网络核心节点，其互动反馈的速度与激励分享的举措会影响社群交流氛围。因此，知识提供者应该重视对影响社群活跃度的因素的调控，根据社群活跃度的变动，制定灵活的知识价格。

3）社群交互效率

最后，考察社群交互效率 λ 对 p_1^* 与 p_2^* 的影响。给定社群活跃度 $\beta=1$，耐心程度 δ 分别取 0.2、0.4、0.6 和 0.8 的情况下，求解目标函数（4.2）中的 p_1^* 与式（4.6）中的 p_2^*。图 4.5 描绘了 p_1^* 与 p_2^* 随社群交互效率 λ 的变动轨迹。

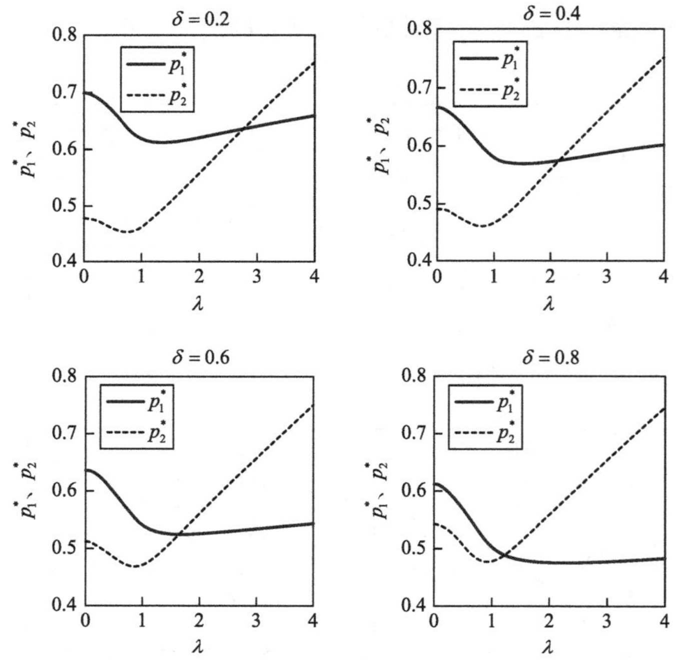

图 4.5　不同耐心程度下最优价格与社群交互效率之间的关系

由图 4.5 可得到以下两个结论：①最优社群价格和最优市场价格均随社群交互效率先递减后递增；②当社群交互效率高于某一门槛值时，最优市场价格总是大于最优社群价格。

群体传播时代，各种“去中心化”的在线论坛、评论社群迅猛发展。产品社群为消费者购买知识后分享体验信息以及为潜在消费者进行社群学习提供了新的便利和平台。消费者越来越倾向于通过社群交互后做出知情性的决策行为[86]，以降低知识价值隐匿性带来的购买风险。然而，知识产品社群中也存在信息操纵、注水、偏见与过载等问题[128, 129]，这会严重影响消费者对知识价值的判断，降低社群交互效率。因此，提供者需要在考虑这些因素的基础上，对社群交互效率进行掌控，根据社群互动效率的具体变动，“因时制宜”地制定最优知识价格。

4.3.5　福利分析

1）社群学习对提供者收益的影响

通过仿真对比“不存在社群学习”（$\beta = 0$；$\lambda = 0$）和“存在社群学习”（$\beta = 0.2, 0.4, 0.6, 0.8$；$\lambda = 1, 2, 3, 4$）的条件下，知识提供者收益的变化情况。图 4.6（a）给定社群交互效率 $\lambda = 1$，社群活跃度取不同值时，均衡收益的整体变动；图 4.6（b）

给定社群活跃度 $\beta=1$，社群交互效率取不同值时，均衡收益的整体变动。

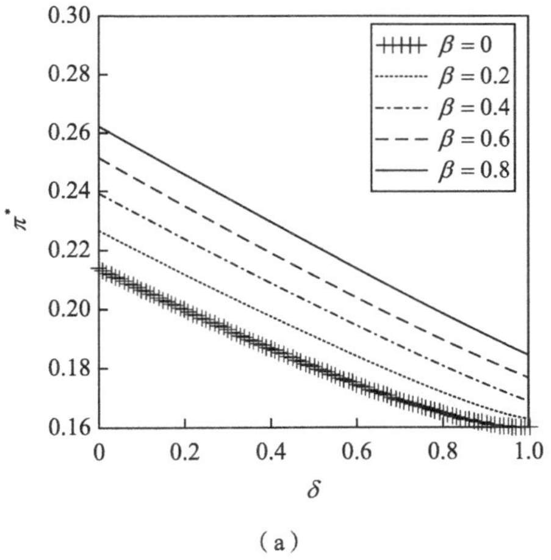

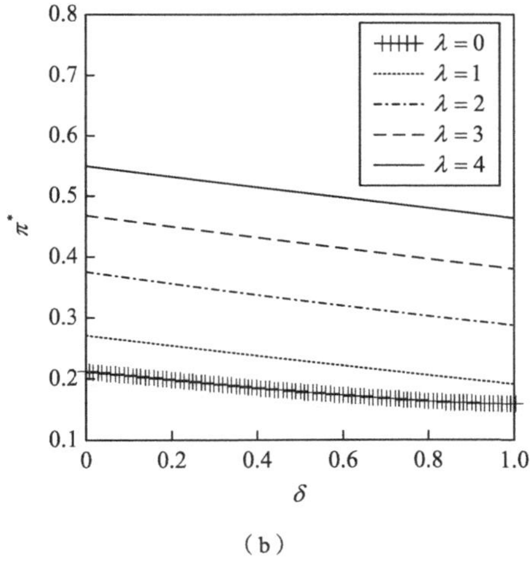

图 4.6　不同社群活跃度与社群交互效率下提供者均衡收益变动（（a）图 $\lambda=1$，（b）图 $\beta=1$）

根据图 4.6 可知，相对于不存在社群学习的情形，存在社群学习时知识提供者可以获得更高的收益，这与 Crapis 等[63]的研究结论一致。这启发知识提供者为实现两阶段整体收益最大化，可主动介入知识产品社群构建，并顺势营造社群学习氛围：通过设定社群价格与调节消费者参与收益获得感，提供者可推动产品社群的构建（有胜于无）。在此基础上，通过采取必要措施，如激励知识信息分享、惩罚发布垃圾信息等，以避免产品社群沦为“僵尸群”或者“广告垃圾群”。

2）环境因素对提供者收益的影响

给定存在社群学习条件，其环境因素如何影响提供者收益？下面分析消费者耐心程度（δ）、社群活跃度（β）与社群交互效率（λ）等环境因素与提供者均衡收益（π^*）的关系。图 4.7 前四个是考察不同社群活跃度（0.2,0.4,0.6,0.8）下，π^* 随 δ 与 λ 变动的三维图；图 4.7 中间四个是考察不同社群交互效率（1,2,3,4）下，π^* 随 δ 与 β 变动的三维图；图 4.7 后四个是考察不同耐心程度（0.2,0.4,0.6,0.8）下，π^* 随 β 与 λ 变动的三维图。

根据图 4.7，知识提供者收益随着消费者耐心程度增加而递减，这一结论在不同社群活跃度与社群交互效率下具有稳健性。这与 Liu 和 Zhang[130]的研究结论一致。当知识消费者延期至第二期购买产品时，随着知识贬值与信息收益下降，知识价值下降导致消费者支付意愿降低而使提供者收益减少。同时发现，提供者收益随着社群活跃度、社群交互效率的提升而增加。此时，提供者应采取必要激励措施保持社群活跃度，并通过净化与疏导并举提升社群交互效率。

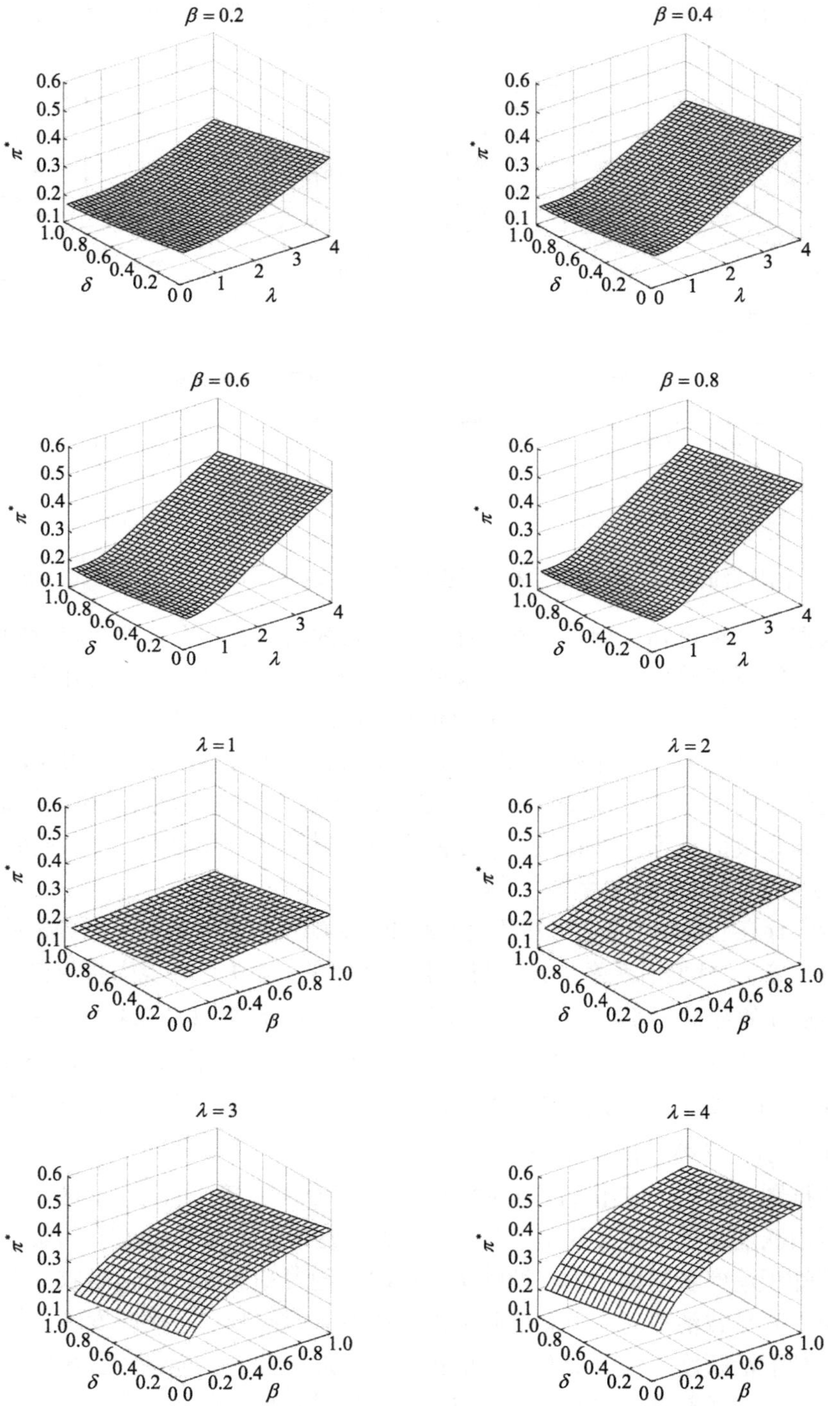
$\beta = 0.2$
$\beta = 0.4$
$\beta = 0.6$
$\beta = 0.8$
$\lambda = 1$
$\lambda = 2$
$\lambda = 3$
$\lambda = 4$
π^*
δ
λ
β

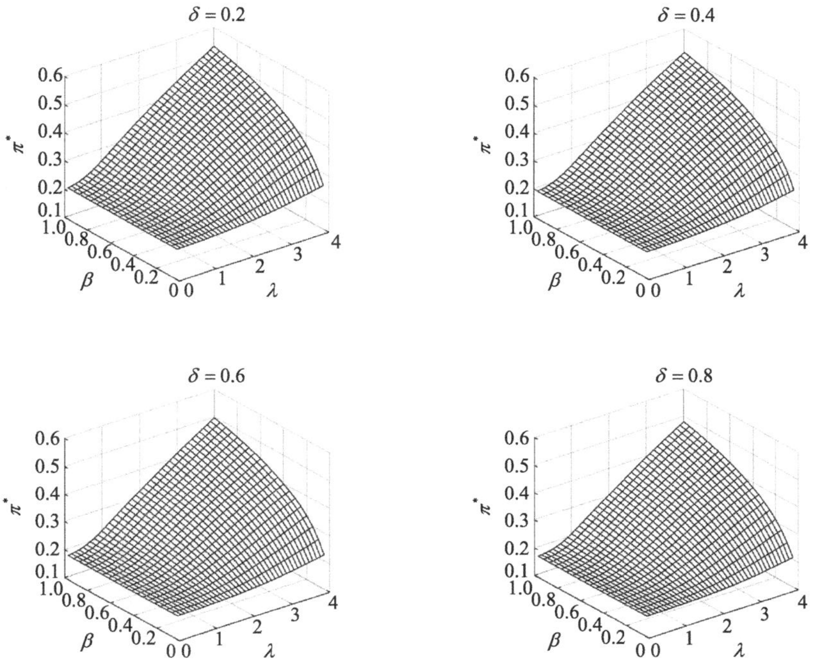

图 4.7　环境因素对知识提供者均衡收益的影响

4.4　本 章 小 结

社群网络平台的崛起，形成了新媒体时代下信息生成、获取、交流与扩散的完整传播链条，深刻地影响着市场行为主体的学习认知习惯、互动行为理念与交易决策模式。本章考虑产品社群在知识价值隐匿性显现化过程中的关键作用，将社群学习纳入知识交易动态定价模型，不仅具体讨论了知识最优社群价格与最优市场价格，也从整体上对两期知识价格动态变动进行了深入分析。

本章提出知识提供者“摸着石头过河”的动态定价机制：针对知识价值的隐匿性导致的双边不确定性，知识提供者应面对前期消费群体给出“社群价格”，通过培育产品社群营造知识价值发现环境；进一步地，依据社群信息反馈制定符合知识价值的“市场价格”。在制定定价机制时，最优市场价格依赖于单位生产成本、消费者参与收益和知识价值后验信念，且与知识产品价值之间呈现“非线性”关系。最优社群价格存在上限阈值，以确保营造出社群学习氛围。通过比较最优社群价格和最优市场价格发现，知识提供者一般应该采用“先低后高”的渗透式定价方式。

进一步地比较静态分析和福利分析发现：①最优社群价格随耐心程度增加而递减，而最优市场价格随耐心程度增加变化不明显；随着社群交互效率的提高，当耐心程度高于某一门槛值时，最优市场价格总是大于最优社群价格。②最优社群价格和最优市场价格均随社群活跃度先递减后递增；随着社群交互效率的增加，当社群活跃度高于某一门槛值时，最优市场价格总是大于最优社群价格。③最优社群价格和最优市场价格均随社群交互效率先递减后递增；当社群交互效率高于某一门槛值时，最优市场价格总是大于最优社群价格。④相对于不存在社群学习的情形，存在社群学习时知识提供者可以获得更高的收益；知识提供者收益随着消费者耐心程度增加而递减，这一结论在不同社群活跃度与社群交互效率下具有稳健性；提供者收益随着社群活跃度、社群交互效率的提升而增加。

本章研究对知识提供者具有如下启示。

（1）双管齐下——提升知识交易参与收益。与杜智涛和徐敬宏[4]的研究一致，本书认为知识消费者并非单纯追求“有料”的知识内容。伴随着付费活动的参与收益是消费者决策的重要参考点，也是影响知识提供者定价的重要约束条件。因此，知识提供者要重视消费者获得感。例如，提供者在知识传播教学的过程中，除了利用常规的文字、图片、语音等方式，还可灵活地运用小视频、在线直播和虚拟现实影像等新手段，通过听觉、视觉甚至情感等多个维度来提升消费者的临场体验。同时，提供者可以通过定期与消费者线下见面、举办沙龙和讨论等形式增加消费者社交体验。最后，知识提供者要展现人文关怀和制定共同愿景，这有利于增加消费者情感认知与归属感，提升其情感收益。

（2）开放包容——培育平等活跃产品社群。产品社群信息带有“说者无意听者有心”的意味，在实现知识隐匿价值显现化的同时，将对提供者的定价机制与福利收益产生重要影响。知识提供者应该采取积极措施提升社群活跃度与社群交互效率。例如，针对知识产品社群面临成员互动减少、信息分享惰化及“社交蒸发冷却效应”等挑战，提供者可以制定“潜水者”“活跃者”“分享达人”等成员标签与勋章等级，利用积分、礼品、试用券等措施引导社群成员交流分享，提高社群活跃度。面对知识产品社群评论极化、信息注水及广告泛滥等问题，提供者要引导讨论要点、定期清理群内垃圾信息、对破坏社群互动良性生态的成员进行惩罚等，提高社群交互效率。

（3）对症下药——制定灵活弹性定价机制。正如 Jones 提到的，虚拟社群最关键的不是构建者也不是使用者，而是在使用过程中所发展的网络互动的整体现象，这种互动对各主体决策行为具有重要影响。在知识交易中，产品社群在实现隐匿价值显现化的同时，对知识提供者定价机制具有重要影响。首先，知识提供者应采用“先低后高”的动态定价机制，发挥社群学习在信息传递与价值发现中的作用。其次，知识提供者要把握最优社群价格的阈值，以防出现不存在社群学习的情境，而最优市场价格应根据知识价值灵活定价。最后，最优社群价格与最优市场价格还受消费者耐心程度、社群活跃度与社群交互效率的影响，提供者需具体问题具体分析，根据不同情形“因时因地”调整知识价格。

本章附录

附录 1

知识产品不可观测的平均价值 $\overline{q}$ 作为社群学习的目标，假设交易主体事前对 $\overline{q}$ 的先验信念为 $\tilde{q}_1$，$\tilde{q}_1 \sim N\left(q_1,\sigma_1^2\right)$。假定产品社群中有比例为 β 的消费者发布了知识价值报告 $q^M=\left(q^1,q^2,\cdots,q^m\right)$，$m=\beta n$。同时假设 q_a 为 m 个消费者感知知识价值的均值，依据列维-林德伯格（Levy-Lindberg）定理可知，$q_a \sim N\left(\overline{q},\sigma_q^2/m\right)$。在第二期，知识提供者与潜在消费者基于知识价值报告（q^M）进行社群学习，将先验信念（$\tilde{q}_1$）更新为后验信念（$\tilde{q}_2$），即 $\tilde{q}_1 \mid q^M$。

根据贝叶斯公式，存在 $f\left(\tilde{q}_1 \mid q^M\right)=\dfrac{f\left(q^M \tilde{q}_1\right)}{f\left(q^M\right)}=\dfrac{1}{f\left(q^M\right)} f\left(q^M \mid \tilde{q}_1\right) f\left(\tilde{q}_1\right)$。因此，$f\left(\tilde{q}_1 \mid q^M\right)$ 与 $f\left(q^M \mid \tilde{q}_1\right) f\left(\tilde{q}_1\right)$ 成正比，即 $f\left(\tilde{q}_1 \mid q^M\right) \propto f\left(q^M \mid \tilde{q}_1\right) f\left(\tilde{q}_1\right)=f\left(\tilde{q}_1\right) \prod_{i=1}^m f\left(q^i \mid \tilde{q}_1\right)$。其中，

$$f\left(\tilde{q}_1\right)=\frac{1}{\sqrt{2\pi}\sigma_1}\exp\left\{-\frac{1}{2\sigma_1^2}\left(\tilde{q}_1-q_1\right)^2\right\}，\quad f\left(q^i \mid \tilde{q}_1\right)=\frac{1}{\sqrt{2\pi}\sigma_q}\exp\left\{-\frac{1}{2\sigma_q^2}\left(q^i-\tilde{q}_1\right)^2\right\}。$$

从而可得，

$$\begin{aligned} f\left(\tilde{q}_1 \mid q^M\right) &\propto \prod_{i=1}^m \exp\left\{-\frac{1}{2\sigma_q^2}\left(q^i-\tilde{q}_1\right)^2\right\}\exp\left\{-\frac{1}{2\sigma_1^2}\left(\tilde{q}_1-q_1\right)^2\right\} \\ &\propto \prod_{i=1}^m \exp\left\{-\frac{1}{2}\left(\frac{m}{\sigma_q^2}+\frac{1}{\sigma_1^2}\right)\left(\tilde{q}_1-\frac{\dfrac{mq_a}{\sigma_q^2}+\dfrac{q_1}{\sigma_1^2}}{\dfrac{m}{\sigma_q^2}+\dfrac{1}{\sigma_1^2}}\right)^2\right\} \end{aligned}$$

基于上述分析可知，知识价值的后验信念 $\tilde{q}_2$ 也服从正态分布[52]，$\tilde{q}_2 \sim N\left(q_2,\sigma_2^2\right)$。其中，

$$q_2=\frac{mq_a\sigma_1^2+q_1\sigma_q^2}{m\sigma_1^2+\sigma_q^2}=\frac{\sigma_q^2}{m\sigma_1^2+\sigma_q^2}q_1+\frac{m\sigma_1^2}{m\sigma_1^2+\sigma_q^2}q_a=\frac{1}{\beta n\lambda+1}q_1+\frac{\beta n\lambda}{\beta n\lambda+1}q_a$$
$$=\frac{\beta n\lambda}{\beta n\lambda+1}q_a$$

$$\sigma_2^2=\frac{\sigma_1^2\sigma_q^2}{m\sigma_1^2+\sigma_q^2}=\frac{\sigma_1^2}{\beta n\lambda+1}$$

在这里，$q_1=0$，$\lambda=\dfrac{\sigma_1^2}{\sigma_q^2}$。

附录 2

在知识交易第一期，知识价值的后验信念 q_2 在事前预测时被视为一个随机变量，其取决于事前不可观察的知识价值与产品社群中 βn 个消费者发布知识报告的平均价值。具体而言，给定知识价值为 $\bar{q}$，βn 个消费者感知知识价值的平均价值为 q_a，$q_a \sim N\left(\bar{q},\sigma_q^2/\beta n\right)$。此时，$q_2\,|\,\bar{q} \sim N\left(\dfrac{1}{\beta n\lambda+1}q_1+\dfrac{\beta n\lambda}{\beta n\lambda+1}\bar{q},\left(\dfrac{\beta n\lambda}{\beta n\lambda+1}\right)^2\dfrac{\sigma_q^2}{\beta n}\right)$。由于在第一期存在 $\bar{q} \sim N\left(q_1,\sigma_1^2\right)$，即对知识价值的先验信念。从而，利用条件期望与条件方差公式可得，后验信念 q_2 在第一期进行预测时的期望和方差为

$$E[q_2]=E\left(E[q_2\,|\,\bar{q}]\right)=E\left(\frac{1}{\beta n\lambda+1}q_1+\frac{\beta n\lambda}{\beta n\lambda+1}\bar{q}\right)=q_1=0$$

$$\operatorname{Var}[q_2]=E\left(\operatorname{Var}[q_2\,|\,\bar{q}]\right)+\operatorname{Var}\left(E[q_2\,|\,\bar{q}]\right)=\left(\frac{\beta n\lambda}{\beta n\lambda+1}\right)^2\left(\frac{\sigma_q^2}{\beta n}+\sigma_1^2\right)$$
$$=\left(\frac{\beta n\lambda}{\beta n\lambda+1}\right)^2\left(\frac{\sigma_q^2(\beta n\lambda+1)}{\beta n}\right)=\frac{\beta n\lambda}{\beta n\lambda+1}\sigma_1^2$$

因此，知识交易中，如果产品社群中有 βn 个消费者发布知识价值的信息，则消费者对知识价值后验信念 q_2 在第一期进行的事前预测服从均值为 0、标准差为 $\sigma_1\sqrt{\dfrac{\beta n\lambda}{\beta n\lambda+1}}$ 的正态分布。

附录 3：引理 4.1 的证明

证明分为三个步骤：

（1）利用反证法证明消费者任何购买策略都以第一期存在购买门槛为基准（即采用门槛购买策略），从而部分消费者第一期购买，部分消费者延迟至第二期决策。

假设知识社群价格为 p_1，有 v 个消费者在第一期购买，并给定知识市场价格 $p_2^*(q_2)$。假设消费者购买策略不以门槛购买策略形式存在，则部分消费者 $e_i=e_l$ 将在第一期购买知识，而部分消费者 $e_i=e_h>e_l$ 则不会。

令 $\varUpsilon_i(v)=e_i-p_1-\delta E\left[\left(e_i+q_2-p_2^*(q_2)\right)^+\right]$，则存在 $\varUpsilon_l(v)\geqslant 0$，$\varUpsilon_h(v)<0$，$\varUpsilon_h(v)-\varUpsilon_l(v)<0$。

同时，定义集合 $S^l=\left\{q_2:e_l+q_2-p_2^*(q_2)\geqslant 0\right\}$，$S^h=\left\{q_2:e_h+q_2-p_2^*(q_2)\geqslant 0\right\}$，其中 $S^l\subseteq S^h$。定义集合 $S^c=\left\{q_2:q_2\in S^h,q_2\notin S^l\right\}$。当 $q_2\in S^c$ 时，存在 $q_2<p_2^*(q_2)-e_l$，则有 $q_2+e_h-p_2^*(q_2)<p_2^*(q_2)-e_l+e_h-p_2^*(q_2)=e_h-e_l$。

因而，

$$
\begin{aligned}
\varUpsilon_h(v)-\varUpsilon_l(v)=(e_h-e_l)-\delta\Big(&\int\left(e_h+q_2-p_2^*(q_2)\right)\mathrm{d}F(q_2;1-v)\big|_{q_2\in S^l}\\
&+\int\left(e_h+q_2-p_2^*(q_2)\right)\mathrm{d}F(q_2;1-v)\big|_{q_2\in S^c}\\
&-\int\left(e_l+q_2-p_2^*(q_2)\right)\mathrm{d}F(q_2;1-v)\big|_{q_2\in S^l}\Big)
\end{aligned}
$$

$$
>(e_h-e_l)-\delta\left(\int(e_h-e_l)\mathrm{d}F(q_2;1-v)\big|_{q_2\in S^l}+\int(e_h-e_l)\mathrm{d}F(q_2;1-v)\big|_{q_2\in S^c}\right)>0
$$

这样出现前后矛盾。因此，消费者第一期购买行为必须以购买门槛为基准。如果消费者 e_l 在第一期购买知识产品，则任何参与收益大于 e_l 的消费者也会在第一期购买知识，此时，购买门槛为 $e_l=\theta(p_1)$。

（2）分析知识交易中所有消费者均延迟至第二期决策必须满足的条件。

如果具有最高参与收益的消费者（$e=1$）也延期决策，则所有消费者都会延期决策。此时，将不会产生知识产品社群，而由于没有发布关于知识产品价值的报告，延期消费者也不能进行社群学习（$q_2=0$）。具有最高参与收益的消费者在第一期的效用为 $1-p_1$，延期至第二期的期望效用为 $\delta(1-p_2)$。因此，所有消费者都延期决策的条件为：$1-p_1<\delta(1-p_2)$，即 $p_1>\dfrac{2-\delta(1-c)}{2}$。

（3）讨论知识交易中部分消费者在第一期购买知识时，购买门槛 $\theta(p_1)$ 满足的条件。

如果知识社群价格相对较低$\left(p_1 \leqslant \dfrac{2-\delta(1-c)}{2}\right)$，则部分消费者会在第一期购买。此时，通过求解以下无差异方程得到消费者第一期的购买门槛：

$$e-p_1=\delta\left(\int_{c-e}^{c+e}\left(e+q_2-\frac{q_2+c+e}{2}\right)f(q_2;e)\mathrm{d}q_2+\int_{c+e}^{+\infty}ef(q_2;e)\mathrm{d}q_2\right)$$

下面证明无差异方程存在的唯一解$e=\theta(p_1)$，满足$\theta\in[p_1,1]$。

令$u(e)=u_1(e)-u_2(e)$，$u_1(e)=e-p_1$

$$\begin{aligned}
&u_2(e)\\
&=\delta\left(\int_{c-e}^{c+e}\left(e+q_2-\frac{q_2+c+e}{2}\right)f(q_2;e)\mathrm{d}q_2+\int_{c+e}^{+\infty}ef(q_2;e)\mathrm{d}q_2\right)\\
&=\delta\left\{\frac{e-c}{2}\left[\int_{c-e}^{+\infty}f(q_2;e)\mathrm{d}q_2-\int_{c+e}^{+\infty}f(q_2;e)\mathrm{d}q_2\right]+\int_{c-e}^{c+e}\frac{q_2}{2}f(q_2;e)\mathrm{d}q_2+\int_{c+e}^{+\infty}ef(q_2;e)\mathrm{d}q_2\right\}\\
&=\delta\left\{\frac{e-c}{2}\left[\Phi\left(\frac{e-c}{\sigma(e)}\right)-\Phi\left(\frac{-e-c}{\sigma(e)}\right)\right]+e\Phi\left(\frac{-e-c}{\sigma(e)}\right)+\frac{\sigma(e)}{2}\left[\phi\left(\frac{c-e}{\sigma(e)}\right)-\phi\left(\frac{c+e}{\sigma(e)}\right)\right]\right\}
\end{aligned}$$

利用$u_2(e)$对e求导可得

$$\begin{aligned}
\frac{\partial u_2(e)}{\partial e}=\delta\Bigg\{&\frac{1}{2}\left[\Phi\left(\frac{e-c}{\sigma(e)}\right)-\Phi\left(\frac{-e-c}{\sigma(e)}\right)\right]+\frac{e-c}{2}\left[\phi\left(\frac{e-c}{\sigma(e)}\right)\frac{\partial}{\partial e}\left(\frac{e-c}{\sigma(e)}\right)\right.\\
&\left.+\phi\left(\frac{e+c}{\sigma(e)}\right)\frac{\partial}{\partial e}\left(\frac{e+c}{\sigma(e)}\right)\right]+1-\Phi\left(\frac{e+c}{\sigma(e)}\right)-e\phi\left(\frac{e+c}{\sigma(e)}\right)\frac{\partial}{\partial e}\left(\frac{e+c}{\sigma(e)}\right)\\
&+\frac{1}{2}\sigma(e)'\left[\phi\left(\frac{c-e}{\sigma(e)}\right)-\phi\left(\frac{c+e}{\sigma(e)}\right)\right]\\
&+\frac{\sigma(e)}{2}\left[\phi'\left(\frac{e-c}{\sigma(e)}\right)\frac{\partial}{\partial e}\left(\frac{e-c}{\sigma(e)}\right)-\phi'\left(\frac{e+c}{\sigma(e)}\right)\frac{\partial}{\partial e}\left(\frac{e+c}{\sigma(e)}\right)\right]\Bigg\}
\end{aligned}$$

其中，

$$\begin{aligned}
&\frac{e-c}{2}\phi\left(\frac{e-c}{\sigma(e)}\right)\frac{\partial}{\partial e}\left(\frac{e-c}{\sigma(e)}\right)+\frac{\sigma(e)}{2}\phi'\left(\frac{e-c}{\sigma(e)}\right)\frac{\partial}{\partial e}\left(\frac{e-c}{\sigma(e)}\right)\\
&=\left[\frac{e-c}{2}\frac{1}{\sqrt{2\pi}}e^{-\frac{1}{2}\left[\frac{e-c}{\sigma(e)}\right]^2}+\frac{\sigma(e)}{2}\frac{1}{\sqrt{2\pi}}e^{-\frac{1}{2}\left[\frac{e-c}{\sigma(e)}\right]^2}\left(-\frac{e-c}{\sigma(e)}\right)\right]\frac{\partial}{\partial e}\left(\frac{e-c}{\sigma(e)}\right)=0
\end{aligned}$$

$$\frac{e-c}{2}\phi\left(\frac{e+c}{\sigma(e)}\right)\frac{\partial}{\partial e}\left(\frac{e+c}{\sigma(e)}\right)-e\phi\left(\frac{e+c}{\sigma(e)}\right)\frac{\partial}{\partial e}\left(\frac{e+c}{\sigma(e)}\right)-\frac{\sigma(e)}{2}\phi'\left(\frac{e+c}{\sigma(e)}\right)\frac{\partial}{\partial e}\left(\frac{e+c}{\sigma(e)}\right)=0$$

简化可得，$\dfrac{\partial u_2(e)}{\partial e}=\delta\left\{\dfrac{1}{2}\left[\Phi\left(\dfrac{e-c}{\sigma(e)}\right)+\Phi\left(\dfrac{-e-c}{\sigma(e)}\right)\right]+\dfrac{1}{2}\sigma(e)'\left[\phi\left(\dfrac{c-e}{\sigma(e)}\right)-\phi\left(\dfrac{c+e}{\sigma(e)}\right)\right]\right\}$

在这里，$0\leqslant\dfrac{1}{2}\left[\Phi\left(\dfrac{e-c}{\sigma(e)}\right)+\Phi\left(\dfrac{-e-c}{\sigma(e)}\right)\right]\leqslant 1$，$\sigma(e)'<0$，$\phi\left(\dfrac{c-e}{\sigma(e)}\right)-\phi\left(\dfrac{c+e}{\sigma(e)}\right)\geqslant 0$

从而，$\dfrac{\partial u_2(e)}{\partial e}<1$

则有 $\dfrac{\partial u(e)}{\partial e}=\dfrac{\partial u_1(e)}{\partial e}-\dfrac{\partial u_2(e)}{\partial e}=1-\dfrac{\partial u_2(e)}{\partial e}>0$。这表明 $u(e)$ 为单调递增函数。

由于并非所有消费者都延期决策，则有 $u(1)=u_1(1)-u_2(1)>0$

最后，注意到 $u_1(p_1)=0$，$u_2(p_1)\geqslant 0$，则有 $u(p_1)=u_1(p_1)-u_2(p_1)\leqslant 0$

根据零点定理可得，必定存在 $e=\theta(p_1)\in[p_1,1]$ 使得 $u_1(e)=u_2(e)$，可知 $e=\theta(p_1)$ 是无差异方程 $\theta-p_1=\delta\left(\int_{c-\theta}^{c+\theta}\left(\theta+q_2-\dfrac{q_2+c+\theta}{2}\right)f(q_2;\theta)\mathrm{d}q_2+\int_{c+\theta}^{+\infty}\theta f(q_2;\theta)\mathrm{d}q_2\right)$ 的唯一解。

因此，消费者在第一期将采用门槛购买策略。当社群价格较低 $\left(p_1\leqslant\dfrac{2-\delta(1-c)}{2}\right)$ 时，如果 $e\geqslant\theta(p_1)$，消费者将在第一期购买知识；如果 $e<\theta(p_1)$，消费者将延期决策。当社群价格较高 $\left(p_1>\dfrac{2-\delta(1-c)}{2}\right)$ 时，所有消费者都将延期决策。

根据引理 4.1 中的无差异方程可知，购买门槛 $\theta(p_1)$ 满足 $\theta-p_1-u_2(\theta)=0$。将等式对 λ 求导可得

$$\frac{\partial\theta}{\partial\lambda}-\left(\frac{\partial u_2}{\partial\lambda}+\frac{\partial u_2}{\partial\theta}\frac{\partial\theta}{\partial\lambda}\right)=\frac{\partial\theta}{\partial\lambda}\left(1-\frac{\partial u_2}{\partial\theta}\right)-\frac{\partial u_2}{\partial\lambda}=0$$

由于 $\dfrac{\partial u_2}{\partial\theta}<1$，因而 $\dfrac{\partial\theta}{\partial\lambda}$ 与 $\dfrac{\partial u_2}{\partial\lambda}$ 的符号相同。

根据 $\dfrac{\partial u_2}{\partial\lambda}=\dfrac{\partial u_2}{\partial\sigma(e)}\dfrac{\partial\sigma(e)}{\partial\lambda}$，$\dfrac{\partial\sigma(e)}{\partial\lambda}>0$，可知 $\dfrac{\partial u_2}{\partial\lambda}$ 与 $\dfrac{\partial u_2}{\partial\sigma(e)}$ 的符号相同。

$$\frac{\partial u_2}{\partial \sigma(e)} = \delta\left\{\frac{e-c}{2}\phi\left(\frac{e-c}{\sigma(e)}\right)\frac{\partial}{\partial \sigma(e)}\left(\frac{e-c}{\sigma(e)}\right) - \frac{e+c}{2}\phi\left(\frac{e+c}{\sigma(e)}\right)\frac{\partial}{\partial \sigma(e)}\left(\frac{e+c}{\sigma(e)}\right)\right.$$
$$+\frac{1}{2}\left[\phi\left(\frac{c-e}{\sigma(e)}\right)-\phi\left(\frac{c+e}{\sigma(e)}\right)\right]+\frac{\sigma(e)}{2}\left[\phi\left(\frac{e-c}{\sigma(e)}\right)\frac{\partial}{\partial \sigma(e)}\left(\frac{e-c}{\sigma(e)}\right)\right.$$
$$\left.\left.-\phi\left(\frac{e+c}{\sigma(e)}\right)\frac{\partial}{\partial \sigma(e)}\left(\frac{e+c}{\sigma(e)}\right)\right]\right\}$$
$$=\frac{1}{2}\delta\left[\phi\left(\frac{c-e}{\sigma(e)}\right)-\phi\left(\frac{c+e}{\sigma(e)}\right)\right]>0$$

因此，$\frac{\partial \theta}{\partial \lambda}>0$。这表明$\theta(p_1)$与$\lambda$呈正相关关系。

同理，$\frac{\partial \theta}{\partial \beta}>0$。这表明$\theta(p_1)$与$\beta$呈正相关关系。

附录 4：命题 4.2 的证明

证明命题 4.2，只需证明任何导致所有消费者均延期决策的知识定价非最优策略（以下称“延期购买策略”）。当$p_1>\frac{2-\delta(1-c)}{2}$时，所有消费者都延期决策，此时，$p_2^*=\frac{1+c}{2}$，$\pi^*=\frac{(1-c)^2}{4}$。

下面证明存在一个不会让所有消费者均延期决策的替代定价策略，使得提供者收益大于$\frac{(1-c)^2}{4}$。由于这个替代定价策略不必然是最优的，则可以证明致使所有消费者延期决策的定价策略不是最优的。

假设提供者社群价格为$p_1=\frac{1+c}{2}$，由于$c\in[0,1)$，有$\frac{1+c}{2}\leqslant\frac{2-\delta(1-c)}{2}$，这确保部分消费者会第一期购买知识产品。假设提供者不考虑社群学习后知识价值q_2，而在第二期保持相同的知识价格$p_2=\frac{1+c}{2}$。此时，只需证明替代价格策略下的知识需求高于延期购买策略下的知识需求。

在延期购买策略下，知识需求为$s_d=\left(1-\frac{1+c}{2}\right)=\frac{1-c}{2}$

在替代价格策略下，知识需求为

$$s_r=\begin{cases}1-\theta, & q_2\leqslant\dfrac{1+c}{2}-\theta\\ 1+q_2-\dfrac{1+c}{2}, & \dfrac{1+c}{2}-\theta<q_2\leqslant\dfrac{1+c}{2}\\ 1, & q_2>\dfrac{1+c}{2}\end{cases}$$

由于$q_2\sim N\left(0,\sigma(\theta)\right)$，可知，$E\left[s_r\right]\geqslant s_d$。

因此，最优社群价格必定满足$p_1^*\leqslant\dfrac{2-\delta(1-c)}{2}$。

附录 5：推论 4.1 的证明

当社群活跃度极低（$\beta=0$）或者社群交互效率极低（$\lambda=0$）时，考察消费者的购买决策与知识提供者的动态定价机制。

采用逆向归纳法的思路，根据知识交易中不同时期提供者与消费者的最优决策，对提供者的定价机制进行均衡分析。

首先求解第二期子博弈精炼纳什均衡。给定任意知识社群价格p_1，消费者将采用门槛购买策略。在知识交易第二期，假定剩余的消费者人数为$\hat{e}$，消费者参与收益e在$[0,\hat{e}]$服从均匀分布，$\hat{e}\in[0,1]$。提供者通过设定p_2实现收益最大化：$\max\limits_{p_2}\pi=\left(p_2-c\right)\left(\hat{e}-p_2\right)$。对目标函数求解一阶导数可得：$p_2^*=\dfrac{\hat{e}+c}{2}$。在第二期，当消费者的期望效用为非负时，将会购买知识。

再逆推至第一期，考察知识交易双方的决策行为。知识交易开始前，提供者与消费者预测到其行为对第二期子博弈均衡的影响。

假定提供者的社群价格为p_1，消费者将会形成关于$\hat{e}$和$p_2^*(\hat{e})$的信念。只有当$E\left[u_1\right]=e-p_1\geqslant0$与$E\left[u_1\right]\geqslant\delta\left(e-p_2^*(\hat{e})\right)=E\left[u_2\right]$同时满足时，消费者才会在第一期购买知识。因此，消费者在第一期参与知识交易的条件为：$e\geqslant\psi\left(p_1\right)$。其中，

$$\psi\left(p_1\right)=\begin{cases}\dfrac{2p_1-c\delta}{2-\delta}, & p_1\leqslant\dfrac{2-\delta(1-c)}{2}\\ 1, & p_1>\dfrac{2-\delta(1-c)}{2}\end{cases}$$

分析可知，如果知识产品的社群价格太高$\left(p_1>\dfrac{2-\delta(1-c)}{2}\right)$，则所有消费者

都将延期决策。如果知识产品的社群价格较低$\left(p_1 \leqslant \dfrac{2-\delta(1-c)}{2}\right)$，具有较高参与收益的消费者将会在第一期购买知识，而具有较低参与收益的消费者会延期决策。

知识提供者在博弈开始前预测到消费者对社群价格 p_1 的反应以及第二期子博弈均衡，将通过制定社群价格 p_1 来最大化其收益：

$$\max_{p_1} \pi = (p_1 - c)\left(1-\psi(p_1)\right) + \frac{\left(\psi(p_1)-c\right)^2}{4}$$

通过对目标函数求解一阶导数可得

$$p_1^* = \frac{2c+\delta^2(1-c)+4(1-\delta)}{6-4\delta} \qquad p_2^* = \frac{2c+\delta^2(1-c)+4(1-\delta)}{(6-4\delta)(2-\delta)} - \frac{c\delta}{2(2-\delta)} + \frac{c}{2}$$

$$\pi^* = \frac{(2-\delta)^2(1-c)^2}{4(3-2\delta)}$$

此时，存在 $p_1^* > p_2^*$。即当社群活跃度（β）极低或者社群交互效率（λ）极低时，提供者应该采用“先高后低”的撇脂定价机制。

第5章 个性定制情境下的知识产品定价机制

本章重点考察知识咨询模式下，知识产品存在个性定制特性时，现有发布式定价机制（固定定价机制）引致的交易困境。通过在定价机制中引入协商式定价机制，探讨垄断市场环境下提供者如何制定最优的发布式价格和协商式价格，并讨论提供者定价机制的采纳时机。本章结构安排如下：第一部分提出研究问题；第二部分为定性分析，主要分析互联网知识交易中知识产品的个性定制的形成因素，消费者感知价值构成以及知识交易定价机制选择逻辑；第三部分构建知识交易的发布式定价模型和协商式定价模型，对最优发布价格和最优协商价格进行比较静态分析，并讨论提供者定价机制的采纳时机；最后是本章小结。

5.1 问 题 提 出

1970年，阿尔文·托夫勒在《未来的冲击》一书中首次提出信息超载的概念。他认为过量的信息会损害我们思考的能力，当个体面对太多新事物时，将难以做出正确合理的评估。以在行一点、知乎、喜马拉雅等为代表的互联网知识交易平台，正是用户快速筛选获取有价值知识的重要来源，可以有效缓解“量”的爆炸与“质”的匮乏带来的知识焦虑。作为获取知识的有效手段，知识交易有着悠久的历史，如古时孔子所言“自行束脩以上，吾未尝无诲焉”，再如现今的教育培训和图书出版等。但此类知识传递活动主要以提供者单向输送、消费者被动接受为主，知识是一种既定、静态的标准化产品，交互性不强。方兴未艾的互联网知识交易更强调主动学习，更注重满足个人需求与实现交互体验。互联网知识交易平台立足于对接“多样化”知识提供和“碎片化”知识消费，其知识产品呈现显著的个性化和定制化特征。

经过近几年的市场培育期，知识交易在迅猛发展的同时也遭遇了发展瓶颈。例如，知识交易平台“在行一点”曾借助网红话题等泛娱乐化内容迅速蹿红，但当消费者猎奇心理下降时，后期尝试转型提供优质知识内容却发现发展受阻。究其深层原因，缺乏合理的知识定价机制是其一大硬伤。互联网知识交易中，消费者往往根据自身知识缺陷选择知识产品，其需求带有鲜明的个性化色彩。然而，发布式定价（固定定价）没有考虑到消费者对不同的知识定制化水平具有不同的价值感知，存在一刀切问题；另外，考虑到提供者因不同的定制化水平会产生不同的知识生产成本，发布式定价还存在知识提供激励不足问题。因此，有必要在发布式定价机制的基础上引入协商式定价（讨价还价）机制。那么，针对不同的知识定制化水平，提供者应如何选择定价机制？知识定制化水平影响提供者定价机制选择的内在逻辑是什么？这些问题尚未得到理论层面的深入阐释。

5.2　定性分析

5.2.1　知识产品的个性定制

知识个性定制是指依据应用场景对知识消费者的具体问题进行针对性解构，通过双方深度交互实现知识挖掘与价值共创。本书将互联网知识个性定制的形成机理总结为三个方面。

（1）互联网技术为知识个性定制提供硬件基础。相对传统知识交易，互联网技术赋能使大群体的知识定制成为可能。移动互联网、智能设备等接入技术打破了交易双方由于距离遥远和信息不通造成的市场限制，使各类闲置知识聚集平台，降低了知识定制的搜寻成本[131]；大数据、云计算等匹配技术使知识平台能以更快速智能的方式解决知识资源利用问题，实现多元供给和个性需求的精准匹配，提高了知识定制效率[132]；网上银行、支付宝等支付技术使双方可以随时随地便利交易，降低了知识定制产生的交易成本。此外，互联网技术带来的开放、平等精神[133]，抹平了草根匠人和权威专家之间的话语权鸿沟。体量庞大、类型多样的草根匠人入驻知识平台产生巨大的范围经济效应，为知识个性定制提供了坚实基础。

（2）分享经济为知识个性定制营造生产氛围。分享经济是资源闲置过剩情境下产生的一种“盈余经济”。通过建立闲置产品分享变现的激励机制，实现海量资源的多元化集聚，满足用户多层次需求[134]。知识盈余有偿分享机制对提供者产生了巨大的诱导效应与说服效应，极大地鼓励了各种类型的提供者涌入知识市场。在双边市场的网络效应下通过提供多层次优质内容满足消费者个性化的定制需求。同时，分享经济是需求层次提升背景下产生的一种“体验经济”。在体验经济模式下，除物质激励驱动外，提供者还追求认同感、自我实现等主观性精神体验。所谓“同类相比，同声相应，固天理也”，通过知识定制共同解决问题已成为一种新的感情连接点和认同支点，可以使提供者获得认同感与归属感。此外，每一份“私人定制”都是对优质内容的点赞和支持，彰显出对提供者知识付出的尊重，可以提升提供者的自豪感与自我实现感。

（3）个体异质性是知识个性定制的根本原动力。个体心智模型与价值追求差异导致消费者产生不同的知识需求，这构成知识个性定制的原动力。认知心理学认为心智模型是从个人内心和知识状况来理解人类感知、认识、决策及构建行为的一种途径。用户心智模型不仅受个体认知差异影响，外在场景化元素也会导致个体心智模型差异[135]。具有不同心智模型的知识消费者具有不同的认知基础，在面对不同场景的具体问题时必然会产生不同的知识需求，而知识定制是解决异质性需求的有效途径。此外，根据自我决定理论，个体具有寻求新奇和追求探索的内在倾向，希望通过自主学习实现自身发展与自我提升，但个体内驱力存在差异[136]。知识消费者的努力行为和主观能动性因其价值追求差异而不同。一般而言，越是具有高层次价值诉求的消费者，越追求优质稀缺的定制知识提升自我。

5.2.2　知识消费的价值感知

知识消费者在知识个性定制过程中获得的价值感知是其参与知识交易的前提。一般认为，知识消费者能够感知以下三种价值。

（1）产品价值。知识消费者获得产品价值是参与知识交易的基础性因素。通过知识定制对庞杂内容提纯，使消费者能够有效规避互联网时代面临的信息过载问题，从而获得更具价值的个人经验与更为稀缺的智力资源，解决具体的实际问题。更重要的是，借助知识定制过程中的专业指导与“干货”呈现，消费者可以系统化地学习提供者的思维模式与思考方式，实现知识图谱升级。

（2）社交价值。知识社群网络的兴起使知识不仅仅局限于解决问题的工具角色，而成为具有连接能力的一种介质[137]。消费者在知识定制过程中，以知识为桥梁，通过交互与提供者建立直接联系，获得关系型社会资本。此外，消费者参与知识定制行为可以作为“社交货币”，有利于打破知识异质阶层之间的关系门槛，还能与具有相似价值观和共同兴趣的消费者建立关系，获得身份认同与社群归属。

（3）体验价值。信息大爆炸时代知识交易的本质是用户为信息筛选与过滤付费。消费者通过知识定制可以有效聚合注意力资源，获得快速、精准解决问题的消费体验。同时，考虑到“提出一个问题往往比解决一个问题更重要”，提供者与消费者在解决问题的过程中通过不断剖析与挖掘，将碰撞出更多的智慧火花，实现新的知识创造，这使消费者获得良好的参与体验[138]。最后，互联网知识交易主要基于语音交互形式，在解决模糊性能力方面比传统文字互动更强[113]，通过拉近距离感提升消费者的临场体验。

在互联网知识交易中，针对不同的知识定制化水平，消费者价值感知存在明显差异。一般而言，知识定制化水平越高，消费者群体整体感知到的产品价值、社交价值与体验价值越大，这为提供者进行差别化定价奠定了基础[132, 139]。更重要的是，即使对于同一定制化水平的知识产品，由于个体差异，消费者也会产生不同的价值感知。因而，当知识定制化水平相对较高时，提供者能够更方便地进行差别化定价[140]。

5.2.3 知识交易定价机制选择

互联网知识交易主要采用发布式定价。考虑到知识产品具有个性定制特征以及消费者具有价值感知差异，在分析发布式定价机制的基础上，进一步探讨协商式定价机制。

（1）发布式定价机制。互联网知识产品源于提供者根据消费者具体问题的经验输出，属于存在天然差异性的原创性稀缺资源，所有提供者都是相应知识产品的垄断卖方。Wang[48]考察卖方垄断市场上协商成本对卖方定价机制的影响，证明卖方协商成本较大时，采用协商式定价机制获得的收益相对于发布式定价机制不具有优势。观察互联网知识交易平台如喜马拉雅、得到等均采用发布式定价机制的现状，以及发布式定价机制在节约成本方面具备的独特优势[141]，分析互联网知识交易场景下提供者的发布式定价机制。其中，发布式定价机制下的知识产品价格（下文称为“发布价格”）是知识定制化水平的函数。

（2）协商式定价机制。Milgrom[142]认为当产品属于非标准化或者市场出清价格高度不稳定时，采用讨价还价机制能够获得更好的结果。因此，从知识“个性定制”特征出发，在探讨发布式定价机制的同时，有必要引入协商式定价机制。在协商式定价机制下，对消费者价值感知估计决定提供者要价，对提供者生产成本估计决定消费者的出价，则任何低于知识定制化生产成本的消费者出价都将导致交易失败[143]。因而，协商式定价机制下的知识产品价格（下文称为“协商价格”）主要取决于消费者的价值感知。

在互联网知识交易中，尽管协商价格主要取决于知识消费者的价值感知，但协商价格与发布价格均受知识定制化水平影响。因此，必然存在一个使发布式定价和协商式定价收益相等的定制化水平无差异点（阈值点）。当知识定制化水平较低（低于阈值）时，随着定制化水平上升，发布价格增长快于协商价格。同时，定制化水平较低，消费者群体价值感知较低，在其基础上提供者难以进行差别化定价。因此，采用协商式定价不能弥补发布价格与协商价格带来的提供者收益差距，发布式定价机制占优。然而，当知识定制化水平较高（高于阈值）时，随着定制化水平上升，发布价格仍然会增加。但是，定制化水平较高，消费者群体价值感知越高，考虑到消费者个体异质性，提供者将易于进行差别化定价，协商价格迅速增长。因此，在差别化定价的加速器效应下，采用协商式定价机制可以有效弥补发布价格与协商价格带来的提供者收益差距，协商式定价机制占优。

5.3　发布式定价模型与协商式定价模型及其采纳时机

5.3.1　模型假设

假设互联网知识交易市场中存在一个知识提供者和多个潜在知识消费者。提供者根据消费者知识请求提供具有不同定制化水平 ψ 的知识产品，$\psi \in [0,1]$。当 $\psi = 0$ 时，表示完全标准化知识，如“喜马拉雅”的名家说书，属于一对多的单向输送；当 $\psi = 1$ 时，表示完全定制化知识，如“在行一点”平台的专家咨询，属于一对一的交互定制，ψ 越大表明知识定制化水平越高。

假设知识产品的定制化水平越高，生产成本越大[144]。这种假设也符合现实：第一，在“喜马拉雅”上，提供者根据自身熟悉的显性知识储备单向传播相对标准化的知识，无须在交易前与消费者打交道，生产成本较低。第二，在“知乎付费咨询”或者“在行一点”上，知识属于双向交互，提供者需要根据消费者的具体定制化知识需求进行有目的的知识传递。不仅需要将自身头脑中的隐性知识显性化，“挖掘”出有价值的干货，还需要结合消费者的吸收能力对知识进行有效编辑，而且在知识传递的过程中还需与消费者进行深层次的交互、沟通与反馈，这些都导致高定制化水平知识产生较高的生产成本。为建模简易而不失一般性，假设知识生产成本与定制化水平呈线性关系 $C(\psi) = c\psi$ ，c 表示知识定制的边际生产成本。

提供者有两种定价机制可以选择：发布式定价机制（ f ）和协商式定价机制（ b ）。当提供者采用发布式定价机制时，知识提供者采取菜单定价模式，每种定制化水平对应相应的知识产品价格。知识消费者基于自身效用选择定制化水平，提供者据此提供与之相应的定制化知识产品。当提供者采用协商式定价机制时，提供者会在交易前与消费者进行密切沟通，根据消费者具体的定制化需求进行协商定价，消费者的任何低于提供者的议价门槛（知识产品生产成本）的出价都将导致交易失败。

假设知识消费者具有个性化的定制需求，对知识定制化水平 ψ 的偏好在 $[0,1]$ 上服从均匀分布[145]，这意味着每一种定制化水平知识都有相应的消费群体，即消费者只会为某一特定的定制化水平知识交易。此外，考虑到知识消费的非重复性，消费者至多购买一件"知识"。

假设对于某一特定的知识定制化水平 ψ，消费者的价值感知 v 在 $[0,+\infty)$ 上服从指数分布[42]，其概率密度函数为 $f(v,\psi)=\dfrac{1}{\psi+1}\exp\left(-\dfrac{v}{\psi+1}\right)$，分布函数为 $F(v,\psi)=1-\exp\left(-\dfrac{v}{\psi+1}\right)$。根据 $E[v]=\psi+1$ 可知，知识定制化水平提升（$\psi'\to\psi''$）将引起消费者群体价值感知整体结构上升 $\left(f(v,\psi')\to f(v,\psi'')\right)$，这为提供者进行差别化定价奠定了基础[133, 140]，如图 5.1 所示。同时，知识消费者价值感知服从指数分布，表明即使对于同一定制化水平的知识（ψ''），消费者也具有不同的价值感知。从而，如果存在较高定制化水平 ψ''，提供者能够方便实行差别化定价[141]。

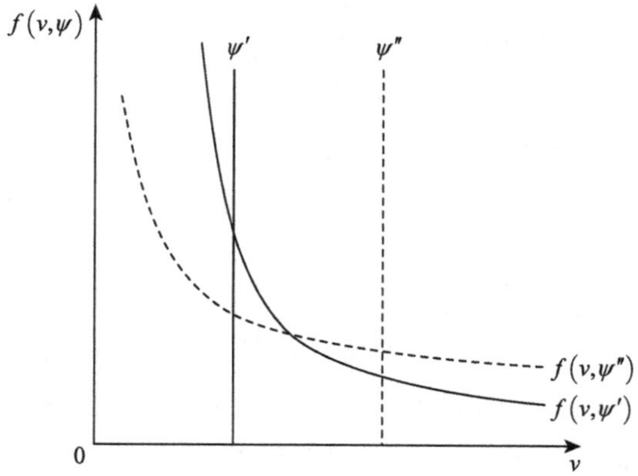

图 5.1 知识消费者价值感知的概率密度函数

为了便于理解模型，表 5.1 对书中涉及的主要参数含义总结如下。

表 5.1 主要参数含义

参数	含义
f 、b	发布式定价机制和协商式定价机制
p_f 、p_b	知识产品的发布价格和协商价格

续表

参数	含义
ψ	知识产品的定制化水平
$C(\psi)$	知识产品定制化的生产成本
c	知识产品定制的边际生产成本
v	消费者对知识产品的价值感知
$f(v,\psi)$	消费者价值感知的概率密度函数
$F(v,\psi)$	消费者价值感知的分布函数
η	提供者的协商成本
γ	消费者的谈判力

5.3.2　发布式定价机制

假设发布式定价机制下知识产品价格为 p_f（即发布价格）。在知识定制化水平 $\left[\underline{\psi},\bar{\psi}\right]$（$0\leqslant\underline{\psi}<\bar{\psi}\leqslant1$）下，当 $v\geqslant p_f$ 时，知识消费者参与交易。此时，提供者收益函数为

$$\pi_f(\psi)=\int_{\underline{\psi}}^{\bar{\psi}}\int_{p_f}^{\infty}\left(p_f-c\psi\right)f(v,\psi)\mathrm{d}v\mathrm{d}\psi$$

利用提供者收益函数对发布价格求导：

$$\frac{\mathrm{d}\pi(\psi)}{\mathrm{d}p_f}=\int_{\underline{\psi}}^{\bar{\psi}}\left(1-\frac{p_f}{\psi+1}+\frac{c\psi}{\psi+1}\right)\mathrm{e}^{-\frac{p_f}{\psi+1}}\mathrm{d}\psi=0$$

可得，最优发布价格为

$$p_f^*=\psi+1+c\psi$$

其中，$\psi+1$ 表示消费者的期望价值感知（保留价格）；$c\psi$ 表示知识生产成本。

根据以上分析，可得如下引理。

引理 5.1　最优发布价格（p_f^*）是消费者的期望价值感知（$\psi+1$）与知识生产成本（$c\psi$）之和，主要取决于知识定制化水平（ψ）。

将 p_f^* 代入 $\pi_f(\psi)$ 可知，提供者收益为

$$\pi_f^*(\psi)=\int_{\underline{\psi}}^{\bar{\psi}}(\psi+1)\mathrm{e}^{-\frac{\psi+1+c\psi}{\psi+1}}\mathrm{d}\psi$$

根据以上分析，可得如下命题。

命题 5.1　在发布式定价机制下，知识提供者收益与知识生产的边际成本 c 呈负相关关系，与知识定制化水平 ψ 的关系取决于知识生产的边际成本变动：当

$c<1$时，知识提供者收益与知识定制化水平呈正相关关系；当$1 \leqslant c \leqslant 2$时，知识提供者收益在$\psi^* = c-1$处取最小值$c\mathrm{e}^{-c}$；当$c>2$时，知识提供者收益与知识定制化水平呈负相关关系。

证明：利用提供者收益$\pi_f^*(\psi)$分别对知识生产的边际成本c和知识定制化水平ψ求一阶导数可得

$$\frac{\partial \pi_f^*(\psi)}{\partial c} = -\int_{\underline{\psi}}^{\overline{\psi}} \psi \mathrm{e}^{-\frac{\psi+1+c\psi}{\psi+1}} \mathrm{d}\psi < 0$$

$$\frac{\partial \pi_f^*(\psi)}{\partial \psi} = \mathrm{e}^{-\frac{\psi+1+c\psi}{\psi+1}} \frac{\psi+1-c}{\psi+1}$$

当$c<1$时，$\mathrm{e}^{-\frac{\psi+1+c\psi}{\psi+1}} \frac{\psi+1-c}{\psi+1} > 0$；当$c>2$时，$\mathrm{e}^{-\frac{\psi+1+c\psi}{\psi+1}} \frac{\psi+1-c}{\psi+1} < 0$；当$1 \leqslant c \leqslant 2$时，期望利润函数在$\psi^* = c-1$处取极值点。根据二阶导数$\frac{\partial^2 \pi_f^*(\psi)}{\partial \psi^2} = \mathrm{e}^{-\frac{\psi+1+c\psi}{\psi+1}} \frac{c^2}{(\psi+1)^3}$在$\psi^* = c-1$处大于零可知，提供者收益在$\psi^* = c-1$处取最小值$c\mathrm{e}^{-c}$。

命题得证。

根据命题 5.1 可知，发布式定价机制下提供者收益随知识生产边际成本c递减而下降。然而，无论知识生产边际成本c如何变化，提供者收益始终为非负数（通过$\mathrm{e}^{-\frac{\psi+1+c\psi}{\psi+1}} > 0$可知，$\pi_f^*(\psi) > 0$）。这背后的逻辑为：在发布式定价机制下，提供者基于消费者的知识定制化需求制定发布价格，发布价格为知识生产成本与消费者期望价值感知之和（$\psi+1+c\psi$），从而确保提供者至少获得正利润。

在发布式定价机制下，提供者收益与知识定制化水平的关系随知识生产边际成本的变动而不同。这可以通过提供者知识生产成本（$c\psi$）与消费者期望价值感知（$\psi+1$）的对比进行解释：当$c<1$时，消费者期望价值感知增加产生的正效应可以抵消提供者知识生产成本增长带来的负效应，此时提供者收益与定制化水平呈正相关关系。当$c>2$时，提供者知识生产成本增长带来的负效应超过消费者期望价值感知增加产生的正效应，此时提供者收益与定制化水平呈负相关关系。最后，当$1 \leqslant c \leqslant 2$时，较低的定制化水平（$\psi < \psi^* = c-1$）尽管伴随较低的知识生产成本，但消费者价值感知增加产生的正效应并不足以抵消提供者知识生产成本增长带来的负效应；较高的定制化水平（$\psi > \psi^* = c-1$）致使消费者价值感知急速增加，产生的正效应超过提供者知识生产成本增长带来的负效应。此时提供者收益与定制化水平之间呈现先降后升的“浴缸曲线”关系，并在$\psi^* = (c-1) \in [0,1]$处取得最小值。

命题 5.1 对采用发布式定价机制的知识提供者具有启发意义：考虑发布式定

价机制下，提供者收益随知识生产边际成本递减而下降。因此，如何提高知识定制化的生产效率就成为提供者关注的焦点。一方面，提供者要做足功课，对知识平台的规则要求与各类传播媒介有充分把控，提高与消费者的沟通效率；另一方面，提供者要丰富自身知识结构，尽可能在统一框架下应对不同的定制化需求，提高知识生产效率。同时，考虑到发布式定价机制下，定制化水平对提供者收益的影响非常依赖定制化边际生产成本的大小，提供者应该根据自身实际选择不同的知识产品供给模式。如果知识提供者属于早期入驻平台的内容供给者，已经非常清楚知识生产流程，知识生产效率较高，此时应该接受一些定制化水平相对较高的知识请求以提高收益。例如，在“知乎”平台上，主要选择付费咨询这种以消费者为中心的知识产品供给模式。反之，如果属于刚刚入行的内容提供者，知识定制化生产的边际生产成本较高，应该接受一些定制化水平相对较低的知识请求以提高收益。例如，在“知乎”平台上，主要选择知乎大学这种以自我为中心的知识产品供给模式。

5.3.3　协商式定价机制

在发布式定价机制下，知识消费者在“买”和“不买”之间直接选择，知识提供者不会产生协商成本。然而，在协商式定价机制下，交易双方需要通过协商决定是否交易以及确定知识价格，这将消耗大量的时间与精力成本。因此，提供者采用协商式定价机制需要考虑协商成本[47]，假设提供者协商成本为η。此外，在协商式定价机制下，交易双方的谈判力也会影响均衡结果[49]，而耐心程度、谈判技巧、信息优劣、定制化需求及交易规模等将决定参与者谈判力的大小。例如，考虑到信息时效性产生的知识折旧[27]，提供者将会处于谈判弱势地位；如果知识原创性与不可替代性越强，提供者谈判力就越强。假设消费者和提供者的谈判力分别为γ和$1-\gamma$，知识产品定价为p_b（即协商价格）。此时，考虑提供者议价门槛为知识生产成本$c\psi$，任何低于知识生产成本的消费者出价都将导致交易失败。

为避免交易无效率及构建模型复杂性问题，只关注交易双方协商结果而不对协商过程进行讨论。参考一般合作博弈中纳什谈判解方法[146]，构建如下协商式定价机制模型：

$$\max_{p_b}\left(v-p_b\right)^{\gamma}\left(p_b-c\psi\right)^{1-\gamma}$$

根据$\left(v-p_b\right)^{\gamma}\left(p_b-c\psi\right)^{1-\gamma}=\mathrm{e}^{\gamma\ln(v-p_b)+(1-\gamma)\ln(p_b-c\psi)}$，对协商价格求导可知，最优协商价格为

$$p_b^* = \gamma c\psi + v - \gamma v$$

其中，γ 表示消费者谈判力；v 表示知识消费者价值感知；$c\psi$ 表示知识生产成本。

根据以上分析，可得如下引理。

引理 5.2 最优协商价格（p_b^*）除受知识生产成本（$c\psi$）与消费者谈判力（γ）影响外，主要取决于知识消费者价值感知（v）。

将最优协商价格 p_b^* 代入提供者收益函数 $\pi_b^*(\psi) = \int_{\underline{\psi}}^{\overline{\psi}} \int_{c\psi}^{\infty} \left[\left(p_b^* - c\psi - \eta \right) f(v,\psi) \right] \mathrm{d}v \mathrm{d}\psi$ 可得，提供者收益为

$$\pi_b^*(\psi) = \int_{\underline{\psi}}^{\overline{\psi}} \left[(1+\psi)(1-\gamma) - \eta \right] \mathrm{e}^{-\frac{c\psi}{\psi+1}} \mathrm{d}\psi$$

根据以上分析，可得如下命题。

命题 5.2 在协商式定价机制下，知识提供者收益与知识生产边际成本（c）、提供者协商成本（η）呈负相关关系，与提供者谈判力（$1-\gamma$）呈正相关关系。

根据命题 5.2 可知，两种定价机制下提供者收益均与知识生产边际成本呈负相关关系。与发布式定价中提供者收益始终大于零不同的是，存在一个协商成本阈值 $\eta^* = (1+\psi)(1-\gamma)$，当 $\eta > \eta^*$ 时，协商式定价下提供者收益为负数。此时，提供者在任意知识定制化水平下都应采用发布式定价。这与 Wang[48]得出的结论一致：在协商式定价机制下，卖方需要付出大量的时间精力成本。当卖方协商成本超过某个阈值时，采用协商式定价相对于发布式定价不具优势。最后，协商式定价机制下提供者收益还受其谈判力影响，谈判力越强，分得的“蛋糕”份额就越大。

命题 5.2 对采用协商式定价机制的知识提供者具有启发意义：一方面，提供者要充分利用移动互联网带来的连接红利，提高与消费者的沟通效率，降低协商成本；另一方面，提供者要借助知识社群了解市场状况如知识需求、消费者特征等，以便对消费者谈判力有较好的判断，为选择谈判机制提供依据。更重要的是，提供者要明白“打铁还需自身硬，品质才是硬道理”。必须秉承“慢工出细活”的工匠精神，通过思考力与原创力来提升知识价值与不可替代性，打造精品干货以增强谈判力。最后，提供者还应注意积累社群声誉，积极充当意见领袖，如在知乎社群中，认真回答问题，积极进行分享，本着利他精神解决知识请求，以赢得良好口碑，在获取声誉溢价的同时提升谈判力。

5.3.4 定价机制的采纳时机

进一步研究发现，在不同知识定制化水平下，知识提供者对发布式和协商式

定价机制具有不同的最优采纳时机。在这里，主要考虑知识生产边际成本 $c \leqslant 1$ 的情形。

假设两种定价机制下提供者收益无差异的知识定制化水平为 $\tilde{\psi}$，通过 $\pi_f^*(\tilde{\psi}) = \pi_b^*(\tilde{\psi})$ 可得

$$\tilde{\psi} = \frac{\eta + \gamma + \dfrac{1}{\mathrm{e}} - 1}{1 - \gamma - \dfrac{1}{\mathrm{e}}}$$

根据 $0 \leqslant \tilde{\psi} \leqslant 1$，可知有 $1 - \dfrac{1}{\mathrm{e}} - \gamma \leqslant \eta \leqslant 2 - \dfrac{2}{\mathrm{e}} - 2\gamma$，$0 \leqslant \gamma \leqslant 1 - \dfrac{1}{\mathrm{e}}$。在此基础上，对比两种定价机制的收益函数在无差异的定制化水平点 $\tilde{\psi}$ 处的斜率。设定 $K(\tilde{\psi}) = \dfrac{\mathrm{d}\pi_b^*(\tilde{\psi})}{\mathrm{d}\tilde{\psi}} - \dfrac{\mathrm{d}\pi_f^*(\tilde{\psi})}{\mathrm{d}\tilde{\psi}}$，化简得：$K(\tilde{\psi}) = \mathrm{e}^{-\frac{c\left(\gamma+\eta+\frac{1}{\mathrm{e}}-1\right)}{\eta}} - \mathrm{e}^{-\frac{c\left(\gamma+\eta+\frac{1}{\mathrm{e}}-1\right)}{\eta}}\gamma - \mathrm{e}^{-\frac{c\left(\gamma+\eta+\frac{1}{\mathrm{e}}-1\right)}{\eta}-1}$。根据 $0 \leqslant \gamma < 1 - \dfrac{1}{\mathrm{e}}$，有 $K(\tilde{\psi}) > 0$，这表明协商式定价机制的收益函数比发布式定价机制的收益函数更陡峭（斜率更大）。因此，对于任意 $\psi > \tilde{\psi}$，有 $\pi_f^*(\psi) < \pi_b^*(\psi)$；对于任意 $\psi < \tilde{\psi}$，有 $\pi_f^*(\psi) > \pi_b^*(\psi)$。如图 5.2 所示，其中 $c = 1$，$\gamma = 0.3$，$\eta = 0.5$，$\tilde{\psi} = 0.51$。

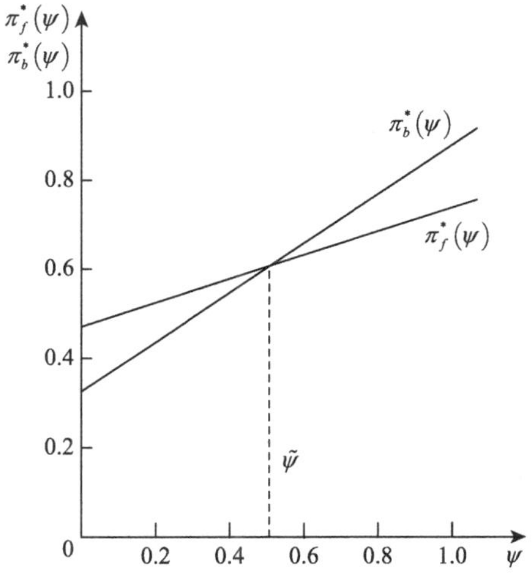

图 5.2　发布式定价机制与协商式定价机制收益比较

根据以上分析，可得如下命题。

命题 5.3　互联网知识交易中，在一定范围内，当知识定制化水平相对较高

$\left(\psi > \dfrac{\eta + \gamma + \dfrac{1}{e} - 1}{1 - \gamma - \dfrac{1}{e}}\right)$时，知识提供者应该采用协商式定价机制；当知识定制化水平相对较低$\left(\psi < \dfrac{\eta + \gamma + \dfrac{1}{e} - 1}{1 - \gamma - \dfrac{1}{e}}\right)$时，知识提供者应该采用发布式定价机制。

命题 5.3 背后的逻辑为：在给定$0 \leqslant \gamma \leqslant 1 - \dfrac{1}{e}$，$1 - \gamma \leqslant \eta \leqslant 2 - 2\gamma$的区间内，当知识定制化水平相对较低$[0, \tilde{\psi}]$时，协商价格（$p_b^* = \gamma c\psi + v - \gamma v$）随定制化水平提升增加较少，而发布价格（$p_f^* = \psi + 1 + c\psi$）随定制化水平提升增加较多。同时，定制化水平较低使消费者群体价值感知（v）相对较低，提供者利用协商式定价机制难以进行差别化定价。采用协商式定价机制难以弥补协商价格与发布价格产生的提供者收益差距。因而，采用发布式定价机制更优。然而，当知识定制化水平相对较高$[\tilde{\psi}, 1]$时，尽管发布价格随定制化水平提升仍会迅速增长，但消费者群体价值感知会迅速增强。在其基础上，考虑到消费者个体异质性，提供者可以有效进行差别化定价，获得更高的协商价格。从而，在差别化定价的加速器作用下，协商式定价机制能够有效弥补协商价格与发布价格产生的提供者收益差距。同时，在协商式定价机制下，随着定制化水平的提高，提供者将获得更多的需求，并且高出的需求还会随着定制化水平的提高而增加，这有利于提供者收益提升。因此，采用协商式定价机制更优。

命题 5.3 的经济意义为：依据互联网知识交易的不同商业模式，如订阅模式（“得到”）、咨询模式（“在行”）及偷听模式（“在行一点”）等，知识提供者应针对其知识定制化水平选择不同定价机制。具体而言，对于如“得到”“在行一点”“喜马拉雅”这种以消费者接收信息为主，双方交互较少，知识标准化程度较高的平台，应优先选择发布式定价机制。对于如“知乎付费咨询”“在行一点”这种从消费者具体问题出发进行的知识挖掘，双方存在深度交互，知识定制化水平较高的场景，应优先考虑协商式定价机制。在协商式定价机制下，不必给定知识产品的具体价格，可通过给出知识价格协商区间 100~500 元或 100 元起等，保证知识定价的灵活性。此外，考虑到差别化定价的加速器作用，提供者要注意提高消费者的产品价值、社交价值和体验价值。通过差异化产品路径避免“内容水化与同质化”，从而提升消费者价值感知，以便攫取更多的消费者剩余。例如，承诺绝对的干货分享与事后进一步指导，提供见面、电话和短语音等多渠道的交互方式等。

5.4 本章小结

本章对互联网知识咨询模式的定价机制展开研究，在深入分析知识产品个性定制特征形成机理与刻画知识消费者价值感知构成的基础上，提出知识提供者定价机制的选择逻辑，进而分别构建发布式定价与协商式定价的数学模型，探讨不同定制化水平下定价机制影响因素与采纳时机。这为理解互联网情境下知识消费者群体行为和知识提供者定价机制提供了理论依据。

本章研究发现：①在发布式定价机制下，知识提供者收益与知识生产的边际成本呈负相关关系，与知识定制化水平的关系取决于知识生产的边际成本变动。当边际成本较小时，知识提供者收益与知识定制化水平呈正相关关系；当边际成本适中时，知识提供者收益在$\psi^* = c - 1$处取最小值；当边际成本较大时，知识提供者收益与知识定制化水平呈负相关关系。②在协商式定价机制下，知识提供者收益与知识生产边际成本、提供者协商成本呈负相关关系，与提供者谈判力呈正相关关系。③ 互联网知识交易中，在一定范围内，当知识定制化水平相对较高时，知识提供者应该采用协商式定价机制；当知识定制化水平相对较低时，知识提供者应该采用发布式定价机制。

本章研究对知识提供者具有如下启示。

（1）“定制化水平”应是知识产品定价的重要考量。区别于传统知识交易、电子商务等销售的标准化产品，互联网知识产品存在显著的个性定制特征，异质性消费者针对不同的知识产品将产生不同的价值感知。因而，提供者有必要视具体的交易场景采用不同的定价机制。考虑不同的知识交易平台采用不同的商业模式，提供者可依据知识定制化水平选择定价机制。一般而言，知识订阅模式和知识偷听模式采用发布式定价机制占优，而知识咨询模式与知识问答模式运用协商式定价机制可以有效避免一刀切与激励不足问题，效果更佳。

（2）“社交价值”和“体验价值”具有明显溢价效应。互联网知识交易的最终目标是建立以知识为介质的深交社群和实现基于知识挖掘的价值共创。知识提供者贡献有深度的干货只是消费者参与知识交易的前提条件，社交联系与参与体验才是避免知识产品同质化、改变消费者“多栖”属性并产生锁定效应的关键因素。这些都已超脱了单纯的知识产品交易本身，体现出知识消费者对归属感、参与感的价值追求。因此，知识提供者在深耕自身专长时，还需要与消费者保持良性的社交互动，实现教学相长的同时进行知识共创，提高消费者在知识定制过程中的价值感知。

第 6 章　双寡头竞争情形下知识产品定价机制

上一章我们考虑双边垄断情境下的知识定价机制，本章扩展至市场竞争环境，考虑双寡头竞争情境下，知识提供者选择定价机制的依据，以及如何制定最优的发布价格和最优的协商价格。本章结构安排如下：第一部分提出研究问题；第二部分为知识交易参与者行为假设，并给出双寡头竞争情形下知识提供者的协商机制；第三部分讨论知识提供者均采用发布式定价机制时，均采用协商式定价机制时，以及分别采用发布式定价机制和协商式定价机制时，知识产品最优价格的影响因素，并通过定价机制的对比，讨论知识提供者的定价机制选择。最后是本章小结。

6.1　问 题 提 出

从古时私塾授业中的束脩敬师到现代出版行业里的图书售卖，为稀缺知识付费的行为古今有之。近几年，随着移动互联网技术的发展、在线支付手段的成熟及智能硬件设备的普及，迎合“时间碎片化、学习终身化、知识跨界化”趋势的互联网知识交易方兴未艾。其中不仅形成了以知乎大学、在行一点、得到、喜马拉雅 FM 为代表的“四强”格局，而且传统媒体与出版机构也纷纷试水。其中，以三联生活周刊发布的“中读 APP”和中信出版社打造的“中信书院”最为典型。

然而，知识交易市场发展蔚然可观的同时，也开始遭遇同质化竞争严重、头部提供者搬离等问题。这不仅表现在知识平台之间的竞争，同一平台上的知识提供者也存在着直接竞争。同时，现有知识产品缺乏弹性的固定价格（发布式定价）设置，很难反映不同消费者对知识价值的差别化判断，也不符合知识定价应契合“周瑜打黄盖——一个愿打一个愿挨”的定价逻辑，从而严重降低了“价格”机制对提供者持续创造优质内容的激励效果，这无疑加快了头部提供者的搬离[34]。因此，在现有的发布式定价机制的基础上，需将协商式定价机制引入知识产品的定价模型中，考察双寡头市场竞争环境下知识提供者定价机制的选择。

那么，在双寡头竞争模式下，当知识提供者均采用发布式定价机制或者均采用协商式定价机制时，知识产品最优价格受哪些因素影响？当知识提供者分别采取发布式定价机制和协商式定价机制时，知识产品最优价格又受哪些因素影响？哪些因素会影响知识提供者的定价机制的选择及其逻辑机理？这是本章要解决的问题。

6.2　知识交易参与者行为假设

6.2.1　知识提供者

考虑互联网知识交易双寡头垄断市场，存在两个知识提供者和多个潜在知识消费者。基于 Hotelling 竞争模型，假设知识提供者 a 和知识提供者 b 分布在单位长度为 1 的知识市场两端。考虑到大部分知识产品都是为满足消费者个性化的内容需求，是提供者结合自身经验的原创思想凝练，从而，知识产品之间可能存在较大的差别。然而，在知识产品生产过程中，提供者一般会参考、借鉴或模仿其他提供者的知识内容。并且，为了提高生产效率与交易效率，知识平台会建立一套标准化生产流程，这些都导致同种类的知识内容之间存在较大的相似性。因此，假设知识提供者 $t(t=a,b)$ 提供的知识产品是类似的，产品质量不存在差别。此外，不失一般性，假设知识产品的生产成本为零①。

在互联网知识交易中，提供者可以选择采用发布式定价机制 $(s=f)$ 或者协商式定价机制 $(s=h)$。如果提供者采用发布式定价机制，则对所有消费者收取统一的发布价格 p_{tf}。如果提供者采用协商式定价机制，则会给出两种知识价格：一是对非讨价还价的消费者收取保留价格 p_{th}^{n}；二是对讨价还价的消费者收取协商价格 p_{th}^{y}。同时，考虑到提供者采用协商式定价机制时，需要耗费一定的时间精力与消费者进行协商，因而，假设提供者采用协商式定价机制时的协商成本为 c_s。

① 在互联网知识交易中，不同交易模式下的知识产品具有不同的生产成本构成。例如，得到 APP 上"薛兆丰的经济学课"和"香帅的北大金融学课"这种知识订阅模式下的知识产品，一般具有较高的固定成本和零边际生产成本，从而，可以不失一般性地假设这类知识产品的生产成本为零。又如，知乎 Live 中付费咨询栏目这种知识咨询模式或知识问答模式下的知识产品，属于交易双方"一对一"的知识服务，"每件知识"的生产成本即知识的边际生产成本，因此，也可以不失一般性地假设其生产成本为零。

考虑到知识提供者可以选择采用发布式定价机制或者协商式定价机制，此时，在双寡头竞争市场环境下，将会出现三种情形：①提供者采用对称性定价方式，均采纳发布式定价机制。这种情形在知识交易实践中广泛存在，如知乎 Live 中，考研知识分享的提供者基本上都是采用发布式定价机制，知识定价为 19.9 元、29.9 元不等。②提供者采用对称性定价方式，均采用协商式定价机制。考虑到知识消费者获取效用的不确定性[27]，如果只采用发布式定价机制，将会导致机会主义行为。因此，需要双方通过讨价还价确定知识价格，从而，现有的知识价格体系中有必要引入协商式定价机制[34]。③提供者采用不对称性的定价方式，分别采用发布式定价机制和协商式定价机制。

6.2.2　知识消费者

假设知识消费者人数标准化为1，每位消费者最多购买一件知识产品。假设知识市场主要存在两类消费者[52]：一类是普通消费者，他们不会和提供者进行讨价还价，用n表示。假定普通消费者占总消费人群的比例为α，$0\leqslant\alpha\leqslant 1$。另一类是协商消费者，这类消费者会将提供者给出的知识价格作为参考，进行讨价还价，用y表示，协商消费者的比例为$1-\alpha$。假设消费者购买知识产品可以获得的价值收益为V，$V>0$。在这里，价值收益代表消费者参与知识交易获得的产品价值、社交价值、参与价值等感知价值收益。此外，假设消费者进行协商时将会产生协商成本c_i，一般而言，普通消费者相比于协商消费者具有更高的协商成本，存在$0<c_y<c_n$。

在 Hotelling 模型中，知识消费者均匀分布在$[0,1]$上，消费者进入提供者所在区域购买知识产品需要花费一定的交通成本（主要是时间成本）。一般而言，普通消费者相对而言具有较高的交通成本，而协商消费者具有较低的交通成本。互联网知识交易情境下，知识消费者的交通成本可以理解为用户的搜寻成本，表示消费者搜寻知识产品信息，寻找偏好知识产品所花费的时间成本。用θ_i表示知识消费者的搜寻成本，存在$0<\theta_y<\theta_n$。此外，假设消费者处在x位置，则消费者购买知识产品将产生$x\theta_i$的旅行成本。在互联网知识交易中，可以将消费者旅行成本理解为交易成本。

根据以上分析，消费者需要旅行x的距离，才能到达提供者所在区域（消费者的交易成本为$x\theta_i$）。此时，如果提供者采用发布式定价机制，则消费者获得的效用收益为

$$U=V-p_{tf}-x\theta_i$$

如果提供者采用协商式定价机制，当消费者愿意进行协商时，获得的效用收

益为

$$U = V - p_{th}^{y} - x\theta_i - c_i$$

当消费者不愿意进行协商时，获得的效用收益为

$$U = V - p_{th}^{n} - x\theta_i$$

在这里，只有当 $p_{th}^{y} + c_i < p_{th}^{n}$ 时，协商消费者才会愿意接受协商式定价机制。

6.2.3　协商机制

考虑知识消费者先与提供者 a 进行价格协商。在协商式定价机制下，交易双方的谈判力大小会影响均衡结果[49]，而耐心程度、谈判技巧、信息优劣等将影响双方的谈判力。假设消费者和提供者的谈判力分别为 γ 和 $1-\gamma$，存在 $0<\gamma<1$。参考一般合作博弈中纳什谈判解方法[146]，构建如下协商式定价机制模型：

$$\max_{p_{ah}^{y}} \left(V - p_{ah}^{y} - c_y - d_a^{y}\right)^{\gamma} \left(p_{ah}^{y} - c_s - d_s\right)^{1-\gamma}$$

在这里，d_a^{y} 和 d_s 分别表示消费者与提供者的协商谈判破裂点，这是谈判双方协商失败后获得的净收益。对提供者而言，谈判破裂后将不会与消费者进行交易，此时，$d_s = 0$。对于消费者而言，在知识交易竞争市场，如果其不能与提供者 a 达成协商，则存在三种情形。

（1）知识消费者在提供者 a 处，以保留价格购买知识产品。此时，存在 $d_a^{y} = V - p_{ah}^{n}$。需要注意的是，消费者并不会产生额外的交易成本，因为消费者已经处于提供者 a 所在区域。

（2）知识消费者前往提供者 b 所在区域，以保留价格或者发布价格购买知识产品。此时，存在 $d_a^{y} = V - p_b^{n} - \theta_y\left(1 - x_y\right)$。显然，消费者将会额外产生到提供者 b 区域的交易成本。

（3）知识消费者前往提供者 b 所在区域，以协商价格购买知识产品。此时，存在 $d_a^{y} = V - E\left[p_{bh}^{y}\right] - \theta_y\left(1 - x_y\right) - c_y$。在这种情况下，知识消费者将会产生交易成本和协商成本。

6.2.4　博弈时序

互联网知识交易双寡头竞争情境下，知识交易参与人之间将进行三阶段的博弈：第一阶段，知识提供者决定采用何种定价机制——发布式定价机制或者协商式定价机制；第二阶段，知识提供者确定定价机制后，决定具体的知识产品价格；第三阶段，知识消费者进行收益权衡之后，决定在提供者 a 区域还是提供者 b 区

域购买知识产品。根据以上分析，建立参与人博弈时序，如图 6.1 所示。

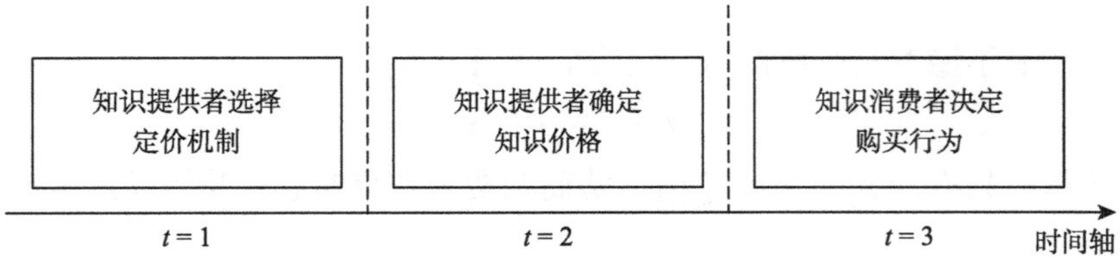

图 6.1　知识竞争模式下参与人博弈时序

为了便于理解模型，表 6.1 对书中涉及的主要参数含义总结如下。

表 6.1　主要参数含义

参数	含义
$t=a,b$	知识提供者
$s=f$	发布式定价机制
$s=h$	协商式定价机制
p_{tf}	知识产品的发布价格
p_{th}^{n}	消费者不进行协商时的保留价格
p_{th}^{y}	消费者进行协商时的协商价格
V	知识产品的价值收益
n 、 y	普通消费者和协商消费者
α	普通消费者占比
c_s	提供者的协商成本
c_y 、 c_n	协商消费者和普通消费者的协商成本
θ_y 、 θ_n	协商消费者和普通消费者的搜寻成本
γ	消费者的谈判力
d_a^y 、 d_s	消费者的谈判破裂点和提供者的谈判破裂点

6.3　发布式定价模型与协商式定价模型及其对比分析

采用逆向归纳法求解子博弈精炼纳什均衡。首先，根据知识消费者所在位置，求得知识消费者在提供者 a 处或提供者 b 处购买产品的无差异点；其次，求解知识提供者的最优定价，分别讨论三种情况下的最优知识价格；最后，分析提供者最优定价机制选择，确定哪种情况是定价机制选择的均衡结果。接下来，根据消费者的购买决策，讨论三种情况下提供者的最优知识价格。

6.3.1 知识提供者均采用发布式定价机制

考虑知识提供者都采用发布式定价机制，提供者 a 和提供者 b 制定的知识发布价格分别为 p_{af} 与 p_{bf}。对于普通消费者（n）与协商消费者（y）而言，在提供者 a 处或者提供者 b 处购买知识产品的无差异点分别为 x^n 和 x^y，则有

$$x^n = \frac{p_{bf} - p_{af}}{2\theta_n} + \frac{1}{2}$$

$$x^y = \frac{p_{bf} - p_{af}}{2\theta_y} + \frac{1}{2}$$

此时，知识提供者的利润函数分别为

$$\pi_{af} = \alpha x^n p_{af} + (1-\alpha) x^y p_{af}$$

$$\pi_{bf} = \alpha\left(1 - x^n\right) p_{bf} + (1-\alpha)\left(1 - x^y\right) p_{bf}$$

将利润函数对发布价格 p_{af} 与 p_{bf} 求导，可得最优发布价格为

$$p_{af}^* = p_{bf}^* = \frac{\theta_n \theta_y}{\theta_n(1-\alpha) + \theta_y \alpha}$$

将最优发布价格代入提供者的利润函数，可得

$$\pi_{af}^* = \pi_{bf}^* = \frac{\theta_n \theta_y}{2\left[\theta_n(1-\alpha) + \theta_y \alpha\right]}$$

基于以上分析，可得如下命题。

命题 6.1　互联网知识交易双寡头竞争情形下，如果知识提供者均采用发布式定价机制，则最优发布价格为 $p_{af}^* = p_{bf}^* = \dfrac{\theta_n \theta_y}{\theta_n(1-\alpha) + \theta_y \alpha}$。

根据命题 6.1 可知，当知识提供者均采用发布式定价机制时，最优发布价格与普通消费者的占比呈正相关关系。这是因为，对于普通消费者而言，发布式定价机制对其具有更大的吸引力，当普通消费者的占比较高时，提供者可以通过制定相对较高的发布价格获取更高的收益。同时，最优发布价格随着普通消费者的搜寻成本与协商消费者的搜寻成本增加而增加。背后的逻辑为，当消费者搜寻成本越高时，消费者的转换成本越高（消费者在另一提供者处购买替代知识产品的成本越高），此时，提供者可以制定相对较高的发布价格。

命题 6.1 对竞争环境下的知识提供者具有启发意义：在互联网知识交易中，当

提供者都采用发布式定价机制时，提供者可以通过前期问卷调研或者用户画像，对消费者群体的协商意愿进行有效评估。如果消费者的协商意愿普遍较低，则可以制定相对较高的发布价格以获取最大化收益。此外，提供者还要关注消费者搜寻成本的变动，一方面，碎片化学习行为映射出消费者时间成本的增加，消费者为获得知识产品信息将会产生较高的搜寻成本；另一方面，互联网情境下各种搜索工具、匹配算法与智能设备的存在，使得消费者花费较低的搜寻成本就能抵达偏好的知识产品。因此，提供者需要综合考虑各种影响消费者搜寻成本的因素，因时制宜地制定发布价格。

6.3.2　知识提供者均采用协商式定价机制

考虑知识提供者都采用协商式定价机制，提供者 a 向普通消费者（ n ）收取的保留价格为 p_{ah}^{n} ，向协商消费者（ y ）收取的协商价格为 p_{ah}^{y} 。提供者 b 向普通消费者（ n ）和协商消费者（ y ）分别收取保留价格 p_{bh}^{n} 和协商价格 p_{bh}^{y} 。

对于普通消费者（ n ）而言，选择在提供者 a 处或者提供者 b 处购买知识产品取决于提供者制定的保留价格。普通消费者在双寡头提供者之间购买知识产品的无差异点为

$$x^{n}=\frac{p_{bh}^{n}-p_{ah}^{n}}{2\theta_{n}}+\frac{1}{2}$$

对于协商消费者（ y ）而言，还要考虑另一个提供者的协商式定价机制。如果协商消费者与提供者 a 协商失败，则有 $d_{a}^{y}=V-E\left[p_{bh}^{y}\right]-\theta_{y}\left(1-x_{y}\right)-c_{y}$ 。如果协商消费者与提供者 b 协商失败，则有 $d_{b}^{y}=V-E\left[p_{ah}^{y}\right]-\theta_{y}x_{y}-c_{y}$ 。参考一般合作博弈中纳什谈判解方法，构建如下协商式定价机制模型：

$$\max_{p_{ah}^{y}}\left(V-p_{ah}^{y}-c_{y}-d_{a}^{y}\right)^{\gamma}\left(p_{ah}^{y}-c_{s}\right)^{1-\gamma}$$

$$\max_{p_{bh}^{y}}\left(V-p_{bh}^{y}-c_{y}-d_{b}^{y}\right)^{\gamma}\left(p_{bh}^{y}-c_{s}\right)^{1-\gamma}$$

根据 $\left(V-p_{ah}^{y}-c_{y}-d_{a}^{y}\right)^{\gamma}\left(p_{ah}^{y}-c_{s}\right)^{1-\gamma}=\mathrm{e}^{\gamma\ln\left(V-p_{ah}^{y}-c_{y}-d_{a}^{y}\right)+(1-\gamma)\ln\left(p_{ah}^{y}-c_{s}\right)}$ ，对协商价格求导可知，最优协商价格为（过程见本章附录附录 1）：

$$p_{ah}^{y*}=p_{bh}^{y*}=c_{s}+\frac{\theta_{y}\left(1-\gamma\right)}{2\gamma}$$

知识提供者的收益函数分别为

$$\pi_{ah}=\alpha x^{n}\left(p_{ah}^{n}\right)+\left(1-\alpha\right)x^{y}\left(p_{ah}^{y*}-c_{h}\right)$$

$$\pi_{bh}=\alpha\left(1-x^{n}\right)\left(p_{bh}^{n}\right)+\left(1-\alpha\right)\left(1-x^{y}\right)\left(p_{bh}^{y*}-c_{h}\right)$$

通过对保留价格 p_{bh}^{y} 和 p_{bh}^{n} 求解一阶导数，可得

$$p_{ah}^{n*}=p_{bh}^{n*}=\theta_{n}$$

基于以上分析，可得如下命题。

命题 6.2　互联网知识交易双寡头竞争情形下，如果提供者均采用协商式定价机制，则最优协商价格为 $p_{ah}^{y*}=p_{bh}^{y*}=c_{s}+\dfrac{\theta_{y}\left(1-\gamma\right)}{2\gamma}$，最优保留价格为 $p_{ah}^{n*}=p_{bh}^{n*}=\theta_{n}$。

根据命题 6.2 可知，当知识提供者均采用协商式定价机制时，最优协商价格与提供者的协商成本、协商消费者的搜寻成本呈正相关关系。这是由于，如果提供者的协商成本较高，提供者必须通过制定相对较高的协商价格以覆盖其成本；而协商消费者搜寻成本较高时，表明其在竞争对手购买知识产品的交易成本增加，此时，提供者可以制定相对较高的协商价格剥夺这部分搜寻成本。同时，最优协商价格与协商消费者的谈判力呈负相关关系。如果协商消费者拥有完全的谈判力（$\gamma=1$），则提供者的最优协商价格将只能覆盖其协商成本。如果提供者拥有很强的谈判力，则可以制定很高的协商价格，但最优协商价格必须确保消费者选择发布价格或保留价格获得的收益不会超过选择协商价格获得的收益。最后，如果消费者不接受协商，而搜寻竞争对手的知识产品需要承担较高的成本时，提供者可以制定较高的保留价格攫取最大化的消费者剩余。

命题 6.2 对竞争环境下的知识提供者具有启发意义：首先，考虑到互联互通时代沟通方式和沟通效率的变化，以及消费者策略性等待行为和个体认知差异性，提供者要充分认识自身协商成本的可能变动，从而制定对应的协商价格；其次，提供者需要秉承“匠人精神”和原创思维，通过打造精品干货提高内容品质与产品认可度，并注重个人声誉积累，努力获得头部位置，从而在知识交易中提升谈判力；最后，考虑到竞争环境下的产品替代与用户转移问题，提供者可以借助互动社群、线下沙龙等方式，提高用户黏性和交易成本，根据消费者搜寻成本的变动，因地制宜地制定最优协商价格和最优保留价格。

6.3.3　知识提供者采用不对称定价机制

考虑知识提供者采用不对称的定价机制，提供者 a 采用协商式定价机制，提供者 b 采用发布式定价机制。提供者 a 向普通消费者（n）收取的保留价格为 p_{ah}^{n}，向协商消费者（y）收取的协商价格为 p_{ah}^{y}。提供者 b 向普通消费者（n）收取的发布价格为 p_{bf}。

对于普通消费者（ n ）而言，需要比较提供者 a 的保留价格 p_{ah}^{n} 和提供者 b 的发布价格 p_{bf} 。此时，普通消费者在双寡头提供者之间购买知识产品的无差异点为

$$x^{n}=\frac{p_{bf}-p_{ah}^{n}}{2\theta_{n}}+\frac{1}{2}$$

对于协商消费者（ y ）而言，需要在与提供者 a 的协商价格 p_{ah}^{y} 和接受提供者 b 的发布价格 p_{bf} 之间进行选择，此时，存在 $d_{a}^{y}=V-p_{bf}-\theta_{y}\left(1-x_{y}\right)$ 。

根据 $V-p_{ah}^{y}-x^{y}\theta_{y}-c_{y}=V-p_{bf}-\left(1-x^{y}\right)\theta_{y}$ 可知，协商消费者购买知识的无差异点为

$$x^{y}=\frac{p_{bf}-p_{ah}^{y}-c_{y}}{2\theta_{y}}+\frac{1}{2}$$

参考一般合作博弈中纳什谈判解方法，构建提供者 a 的协商式定价机制模型：

$$\max_{p_{ah}^{y}}\left(V-p_{ah}^{y}-c_{y}-d_{a}^{y}\right)^{\gamma}\left(p_{ah}^{y}-c_{s}\right)^{1-\gamma}$$

根据一般合作博弈中纳什谈判解方法，可得

$$p_{ah}^{y*}=\frac{(1-\gamma)\left(p_{bf}+\theta_{y}-c_{y}\right)+2\gamma c_{s}}{1+\gamma}$$

知识提供者的收益函数分别为

$$\pi_{ah}=\alpha x^{n}p_{ah}^{n}+(1-\alpha)x^{y}\left(p_{ah}^{y*}-c_{y}\right)$$

$$\pi_{bf}=\alpha\left(1-x^{n}\right)p_{bf}+(1-\alpha)\left(1-x^{y}\right)p_{bf}$$

将利润函数分别对保留价格 p_{ah}^{n} 和发布价格 p_{bf} 求解一阶导数，可得

$$p_{ah}^{n*}=\frac{\theta_{n}\left[2\gamma(\alpha-1)\left(c_{y}+c_{s}+2\theta_{n}\right)-\theta_{y}(2+\alpha+3\alpha\gamma)\right]}{8\gamma\theta_{n}(\alpha-1)-3\alpha\theta_{y}(1+\gamma)}$$

$$p_{bf}^{*}=\frac{\theta_{n}\left[4\gamma(\alpha-1)\left(c_{y}+c_{s}\right)-\theta_{y}(4+3\alpha\gamma-\alpha)\right]}{8\gamma\theta_{n}(\alpha-1)-3\alpha\theta_{y}(1+\gamma)}$$

基于以上分析，可得如下命题。

命题 6.3　互联网知识交易双寡头竞争情形下，如果知识提供者分别采用发布式定价和协商式定价机制，则最优发布价格为 $p_{bf}^{*}=\frac{\theta_{n}\left[4\gamma(\alpha-1)\left(c_{y}+c_{s}\right)-\theta_{y}(4+3\alpha\gamma-\alpha)\right]}{8\gamma\theta_{n}(\alpha-1)-3\alpha\theta_{y}(1+\gamma)}$，最优协商价格为 $p_{ah}^{y*}=\frac{(1-\gamma)\left(p_{bf}+\theta_{y}-c_{y}\right)+2\gamma c_{s}}{1+\gamma}$ ，最优保留价格为

$$p_{ah}^{n*}=\frac{\theta_n\left[2\gamma(\alpha-1)\left(c_y+c_s+2\theta_n\right)-\theta_y\left(2+\alpha+3\alpha\gamma\right)\right]}{8\gamma\theta_n\left(\alpha-1\right)-3\alpha\theta_y\left(1+\gamma\right)}。$$

根据命题 6.3 可知，当知识提供者采取不对称的定价机制时，最优协商价格与竞争对手制定的发布价格、协商消费者的搜寻成本均呈现正相关关系。这是因为，在知识交易竞争环境下，竞争对手制定的发布价格增加，或者协商消费者的搜寻成本增加，都会降低替代知识产品吸引力。此时，采取协商式定价机制的提供者可以制定相对较高的协商价格获得最大化收益。同时，面对具有不同协商意愿的消费者群体，提供者不仅能够利用不对称的定价机制实现差异化的竞争，而且，对于采用协商式定价机制的提供者而言，还能通过制定不同的协商价格和保留价格，最大化地攫取消费者剩余，避免单纯采用发布式定价机制可能导致的协商消费者群体的需求流失。

6.3.4　定价机制对比

接下来，考察知识提供者最优定价机制的选择。通过分析知识提供者单方面偏离现有定价机制的条件，即从发布式定价机制转向协商式定价机制，或者从协商式定价机制转向发布式定价机制，求得均衡定价机制选择结果。

如果提供者采用对称性定价方式，均采用发布式定价机制时的收益与均采用协商式定价机制时的收益之差为

$$\pi_d=\frac{(1-\alpha)\left[\alpha\theta_y^2(1-\gamma)+2\alpha\gamma\theta_n^2-\theta_y\theta_n(\alpha\gamma+\alpha+3\gamma-1)\right]}{4\gamma\left[\theta_n(\alpha-1)-\alpha\theta_y\right]}$$

可见，当 $\alpha=1$ 时，采用发布式定价机制与协商式定价机制获得的收益是相同的。当 $\alpha>\alpha_d=\dfrac{\theta_y\theta_n(3\gamma-1)}{\left(\theta_n-\theta_y\right)\left[\theta_y(\gamma-1)+2\gamma\theta_n\right]}$ 或者 $\gamma<\gamma_d=\dfrac{\theta_y\left(\theta_n-c+\theta_y\right)}{3\theta_y\theta_n+\alpha\left(\theta_y\theta_n+\theta_y^2-2\theta_n^2\right)}$ 时，存在 $\pi_d<0$。此时，提供者均采用协商式定价机制优于均采用发布式定价机制。

根据以上分析，可得如下命题。

命题 6.4　如果普通消费者占比较高（$\alpha>\alpha_d$）或者消费者谈判力较低（$\gamma<\gamma_d$），知识提供者均采用协商式定价机制优于均采用发布式定价机制。

根据命题 6.4 可知，当普通消费者占比较高时，知识提供者均采用协商式定价机制更优。这是由于，如果提供者均采用协商式定价机制，可以通过向普通消费者收取较高的保留价格（$p_{ah}^{n*}=p_{bh}^{n*}=\theta_n>\dfrac{\theta_n\theta_y}{\theta_n(1-\alpha)+\theta_y\alpha}=p_{af}^*=p_{bf}^*$），向协商消费者收取较低的协商价格，而对知识消费者群体进行差别化定价。因此，随着普

通消费者占比的增加，知识提供者采用协商式定价机制可以向更多的普通消费者收取较高的知识价格，从而，这一定价机制将更具优势。值得注意的是，协商式定价机制由于对协商消费者收取较低知识价格，而会对提供者收益产生不利影响。但是，普通消费者占比的增加，协商式定价这一差别化定价机制，通过溢价效应（对普通消费者制定高价策略）带来的收益，完全可以有效弥补其门槛效应（对协商消费者制定低价策略）造成的损失。

命题 6.5　互联网知识交易中，如果普通消费者的占比较高（$\alpha > \alpha_d$），提供者均采用协商式定价机制优于均采用发布式定价机制。但是，存在一个$\bar{\alpha}$，使得α满足$\alpha_d < \alpha < \bar{\alpha}$时，知识提供者有动机单方面由协商式定价机制转变为发布式定价机制，最终出现提供者均会采用发布式定价机制的囚徒困境。

证明见本章附录附录 2。

根据命题 6.5 可知，当普通消费者占比大于临界值（$\alpha > \alpha_d$），但又不是特别高（$\alpha < \bar{\alpha}$）时，知识提供者有动力单方面转变定价机制以与竞争对手进行区分。转变为发布式定价机制的提供者会通过降低发布价格，来获取更多的普通消费者份额，在降低竞争强度的同时实现收益增加。另一提供者由于失去普通消费者的市场份额，利润将会降低，从而也会转向发布式定价机制，最终形成提供者均采用发布式定价机制的囚徒困境。随着普通消费者的占比继续增加（$\alpha > \bar{\alpha}$），转变为发布式定价机制的提供者收益会下降，从而单方面转变定价机制的动力降低，将不会出现囚徒困境。Dewan 等[147]的研究也表明，在双寡头竞争环境下，厂商是否进行个性化定制投资决策，也会因为市场覆盖率的变动而出现囚徒困境问题。

命题 6.6　互联网知识交易中，如果普通消费者的占比较低（$\alpha < \alpha_d$），提供者均采用发布式定价机制优于均采用协商式定价机制。但存在一个α°，使得α满足$\alpha^{\circ} < \alpha < \alpha_d$时，知识提供者有动机单方面由发布式定价机制转变为协商式定价机制，最终出现提供者均会采用协商式定价机制的囚徒困境。

证明见本章附录附录 3。

根据命题 6.6 可知，当普通消费者的占比小于临界值（$\alpha < \alpha_d$），但又不是特别低（$\alpha > \alpha^{\circ}$）时，知识提供者有动力单方面转变为协商式定价机制。单方面转变为协商式定价机制的提供者，可以对不同类型的消费者群体进行价格歧视，尽管对协商消费者制定的知识价格较低，但可以获得协商消费者的市场份额和较高的保留价格，从而提高收益。另一知识提供者由于失去协商消费者的市场份额，利润将会降低，从而也会转向协商式定价，从而最终形成提供者均采用协商式定价的囚徒困境。随着普通消费者的占比继续下降（$\alpha < \alpha^{\circ}$），转变定价机制的提供者收益会下降，从而单方面转变定价机制的动力降低，将不会出现囚徒困境。Corts[148]的研究也发现，企业均采用发布式定价机制更优时，企业都会转向协商

式定价机制的囚徒困境，但这里还发现存在提供者均由协商式定价机制转向均采用发布式定价机制的囚徒困境。

命题 6.7　互联网知识交易中，存在知识提供者采用对称性定价机制的均衡，同时也存在一个知识提供者采用协商式定价机制，另一知识提供者采用发布式定价机制的非对称定价机制的均衡。

证明见本章附录附录 4。

根据命题 6.7 可知，协商式定价机制的优势在于能够对不同类型的消费者群体进行差别化定价。如果普通消费者的占比高于临界值（$\alpha > \alpha_d$），知识提供者均采用协商式定价机制。当有一提供者转变为发布式定价机制时，为获得更多的收益会降低其发布价格，从而获得更多普通消费者市场份额，失去部分协商消费者市场份额。对于没有转变定价机制而仍采用协商式定价的提供者，为减少普通消费者流失也会降低其保留价格以挽回部分普通消费者份额。同时，采用协商式定价机制的提供者还会提高协商价格以弥补普通消费者流失减少的收益。因此，如果一个提供者转变定价机制，降低竞争强度的同时，提供者收益都将提高，从而，非对称定价机制也是最优均衡。

6.4　本 章 小 结

在知识竞争模式下，知识提供者应该如何选择定价机制，并制定最优的发布式定价和协商式定价。本章对上述问题进行了探讨，主要结论如下：①最优发布价格、最优协商价格和最优保留价格受普通消费者所占比例、消费者的搜寻成本、消费者谈判力等因素的影响；②当普通消费者的占比较高或者消费者谈判力较低时，知识提供者均采用协商式定价机制优于均采用发布式定价机制；③在某些条件下，更优的协商式定价机制均衡会受到发布式定价机制冲击，而更优的发布式定价机制均衡也会受到协商式定价机制冲击，并且提供者采用不对称的定价机制也是一种最优均衡结果。

本章研究对知识提供者具有如下启示。

（1）搜寻成本是知识产品定价的重要影响因素。互联网知识产品种类繁多、形态多样，加之知识产品质量不确定，消费者需要花费大量的时间精力成本搜寻合意的优质产品。知识提供者进行产品定价时，需要考虑知识消费者的搜寻成本。一般而言，如果消费者需要花费大量时间精力寻找替代知识产品，如用户在对比知乎平台和喜马拉雅平台上关于职场类或者文学类的知识产品时，需要熟悉不同平台上的产品目录，学习用户关于知识产品的评价，关注不同时段的知识价格波动，等等，这些都会提高用户的搜寻成本，此时，竞争环境下的知识提供者应该根据采用的发布式定价机制和协商定价机制，制定最优的发布价格、协商价格和保留价格。

（2）用户异质性应是定价机制选择的关键考量。互联网知识交易过程中，知识提供者采纳发布式定价机制或者协商式定价机制，不仅要关注竞争对手的定价机制选择，还要关注异质性消费者对讨价还价的态度。如果普通消费者占比非常高，知识提供者均采用协商式定价机制是最优选择，如果协商消费者占比非常高，知识提供者均采用发布式定价机制是最优选择。知识提供者选择定价机制前，应该通过问卷调查或者数据挖掘，通过用户画像了解知识消费者类型分布，根据普通消费者和协商消费者的占比情况，选择最优的定价机制。

本 章 附 录

附录 1

对于知识提供者 a 和知识提供者 b 而言，同时采用协商式定价机制时，通过制定最优协商价格实现收益最大化：

$$\max_{p_{ah}^y}\left(V-p_{ah}^y-c_y-d_a^y\right)^\gamma\left(p_{ah}^y-c_s\right)^{1-\gamma}$$

$$\max_{p_{bh}^y}\left(V-p_{bh}^y-c_y-d_b^y\right)^\gamma\left(p_{bh}^y-c_s\right)^{1-\gamma}$$

其中，存在

$$d_a^y=V-E\left[p_{bh}^y\right]-\theta_y\left(1-x_y\right)-c_y$$

$$d_b^y=V-E\left[p_{ah}^y\right]-\theta_y x_y-c_y$$

根据$\left(V-p_{ah}^y-c_y-d_a^y\right)^\gamma\left(p_{ah}^y-c_s\right)^{1-\gamma}=\mathrm{e}^{\gamma\ln\left(V-p_{ah}^y-c_y-d_a^y\right)+(1-\gamma)\ln\left(p_{ah}^y-c_s\right)}$，对协商价格求导，可得

$$p_{ah}^y=p_{bh}^y(1-\gamma)+\theta_y(\gamma-1)\left(x_y-1\right)+\gamma c_s$$

$$p_{bh}^y=p_{ah}^y(1-\gamma)+\theta_y x_y(1-\gamma)+\gamma c_s$$

如果知识消费者在某个特定的知识提供者所在区域（如在提供者 a 所在区域），则知识消费者最优的替代选择是离提供者 a 最近的提供者。为了确保知识消费者没有动机偏离现有均衡选择，给定 $x_y=\dfrac{1}{2}$。值得注意的是，当 $x_y=\dfrac{1}{2}$ 时，消

费者在两个提供者处购买知识产品是无差异的，且当消费者处在特定提供者区域时，也具有最优的替代提供者。将 $x_y=\frac{1}{2}$ 代入上述等式，求得均衡解为

$$p_{ah}^{y*}=p_{bh}^{y*}=c_s+\frac{\theta_y(1-\gamma)}{2\gamma}$$

接下来证明此均衡解的唯一性。考虑知识消费者在特定提供者 a 所在区域，此时，提供者 a 并不能通过制定不同于 p_{ah}^{y*} 的其他协商价格来实现收益最大化。为讨论提供者 a 是否可以从更高的协商价格中获益，考虑提供者 b 收取协商价格为 $p_{bh}^{y*}=c_s+\frac{\theta_y(1-\gamma)}{2\gamma}$，且协商消费者处在 $x\in[0,1/2]$ 区间内。对于位置为 x 的知识消费者，其外部选项为 $V-p_{bh}^{y*}-\theta_y(1-x)-c_s$。利用一般合作博弈中纳什谈判解方法，可知 $p_{ah}^{y}=p_{bh}^{y*}(1-\gamma)+\theta_y(\gamma-1)(x_y-1)+\gamma c_s$。从而，可定义消费者的位置为

$$\bar{x}=\frac{\theta_y+\gamma(2c_s-2\bar{p}-\theta_y\gamma)}{2\theta_y\gamma(1-\gamma)}<\frac{1}{2}$$

当 $x<\bar{x}<\frac{1}{2}$ 时，消费者会购买提供者 a 的知识产品，此时，$\bar{p}>p_{ah}^{y}$。提供者 a 从协商消费者处获得的利润是

$$\bar{\pi}=(1-\alpha)(\bar{p}-c_s)\left(\frac{\theta_y+\gamma(2c_s-2\bar{p}-\theta_y\gamma)}{2\theta_y\gamma(1-\gamma)}\right)$$

将利润函数 $\bar{\pi}$ 对 $\bar{p}$ 求导，可得 $\frac{\partial\bar{\pi}}{\partial\bar{p}}=(1-\alpha)\left[\frac{\theta_y+\gamma(4c_s-4\bar{p}-\theta_y\gamma)}{2\theta_y\gamma(1-\gamma)}\right]$。当 $\bar{p}=p_{ah}^{y*}=c_s+\frac{\theta_y(1-\gamma)}{2\gamma}$ 时，$\frac{\partial\bar{\pi}}{\partial\bar{p}}=-\frac{(1-\alpha)(1-\gamma)}{2\gamma}<0$。因此，当提供者 b 保持知识价格为 p_{bh}^{y*} 时，提供者 a 通过制定不同于 p_{ah}^{y*} 的协商价格，并不能获得更高收益。

附录 2：命题 6.5 的证明

假定 π_f^* 表示对称性定价方式下提供者采用发布式定价机制获得的收益，π_h^{**} 表示对称性定价方式下提供者采用协商式定价机制获得的收益，π_f° 表示不对称性定价方式下提供者采用发布式定价机制获得的收益，π_h° 表示不对称性定价方式下提供者采用协商式定价机制获得的收益。

当 $\pi'=\pi_f^{\circ}-\pi_h^{**}>0$ 时，提供者在均采用协商式定价机制较优的情况下，会有

动机单方面转向采用发布式定价机制。为简便分析，假设提供者 b 转向发布式定价机制。则有

$$\pi_f^* = \frac{\theta_n\theta_y}{2\left[(1-\alpha)\theta_n + \alpha\theta_y\right]}$$

$$\pi_h^{**} = \frac{2\alpha\gamma\theta_n + (1-\alpha)(1-\gamma)\theta_y}{4\alpha}$$

$$\pi_{bf}^{\circ} = \alpha\left(1-x^n\right)\left(p_{bf}\right) + (1-\alpha)\left(1-x^y\right)p_{bf}$$

从而可知，π_f^* 是关于普通消费者的占比 α 的凸函数，π_h^{**} 是关于普通消费者的占比 α 的线性函数。

将 π_{bf}° 函数中的 p_{bf}、x^n 和 x^y 分别对 α 进行求导，可得

$$\frac{\partial p_{bf}}{\partial \alpha} > 0, \quad \frac{\partial x^n}{\partial \alpha} > 0, \quad \frac{\partial x^y}{\partial \alpha} > 0$$

从而可得，$\partial\pi_{bf}^{\circ} / \partial\alpha > 0$，$\partial^2\pi_{bf}^{\circ} / \partial\alpha^2 > 0$，$\pi_{bf}^{\circ}$ 是凸函数。

给定 π_h^{**} 与 π_f^* 在 $\alpha = \alpha_d$ 和 $\alpha = 1$ 处相交，π_h^{**}、π_f^* 和 π_{bf}° 在 $\alpha = 1$ 处相交，由于 π_{bf}° 是凸函数，则对于 $\alpha < 1$ 的任何值，π_{bf}° 与 π_h^{**} 最多相交一次。

假定存在 $\bar{\alpha}$，使得当 $\alpha = \bar{\alpha}$ 时，$\pi_h^{**} = \pi_{bf}^{\circ}$，且在 $\alpha \in \left[\alpha_d, \bar{\alpha}\right]$ 时，$\pi_{bf}^{\circ} > \pi_h^{**}$，则当普通消费者的占比在 $\left[\alpha_d, \bar{\alpha}\right]$ 范围内时，提供者 b 有动力转向发布式定价。

命题 6.5 得证。

附录 3：命题 6.6 的证明

假定 π_f^* 表示对称性定价方式下提供者采用发布式定价机制获得的收益，π_h^{**} 表示对称性定价方式下提供者采用协商式定价机制获得的收益，π_f° 表示不对称性定价方式下提供者采用发布式定价机制获得的收益，π_h° 表示不对称性定价方式下提供者采用协商式定价机制获得的收益。

当 $\pi'' = \pi_h^{\circ} - \pi_f^* > 0$ 时，知识提供者在均采用发布式定价机制较优的情况下，会有动机单方面转向采用协商式定价机制。为简便分析，假设提供者 a 转向协商式定价机制。则有

$$\pi_f^* = \frac{\theta_n\theta_y}{2\left[(1-\alpha)\theta_n + \alpha\theta_n\right]}$$

$$\pi_h^{**} = \frac{2\alpha\theta_n + (1-\alpha)(1-\gamma)\theta_y}{4\alpha}$$

$$\pi_{ah}^{\circ}=\alpha x^{n}\left(p_{ah}^{n}\right)+(1-\alpha)x^{y}\left(p_{ah}^{y*}-c_{s}\right)$$

由于存在$\dfrac{\partial\pi_{f}^{*}}{\partial\alpha}=\dfrac{\theta_{n}\theta_{y}\left(\theta_{n}-\theta_{y}\right)}{2\left[(1-\alpha)\theta_{n}+\alpha\theta_{n}\right]}>0$，$\dfrac{\partial^{2}\pi_{f}^{*}}{\partial\alpha^{2}}=\dfrac{\theta_{n}\theta_{y}(\theta_{n}-\theta_{y})^{2}}{[(1-\alpha)\theta_{n}+\alpha\theta_{n}]^{3}}>0$，可知，$\pi_{f}^{*}$是关于$\alpha$的凸函数，$\pi_{h}^{**}$是关于$\alpha$的线性函数。

π_{ah}°利润函数中p_{ah}^{n}，p_{ah}^{y*}，x^{n}，x^{y}分别对普通消费者的占比α进行求导得：$\dfrac{\partial p_{ah}^{n}}{\partial\alpha}>0$，$\dfrac{\partial p_{ah}^{y^{*}}}{\partial\alpha}>0$，$\dfrac{\partial x^{n}}{\partial\alpha}>0$，$\dfrac{\partial x^{y}}{\partial\alpha}>0$。由于$p_{ah}^{n}x^{n}>p_{ah}^{y*}x^{y}$，可得$\partial\pi_{ah}^{\circ}/\partial\alpha>0$，而$\partial^{2}\pi_{ah}^{\circ}/\partial\alpha^{2}$的正负取决于参数的值。

给定π_{h}^{**}与π_{f}^{*}在$\alpha=\alpha_{d}$和$\alpha=1$处相交，π_{h}^{**}、π_{f}^{*}和π_{ah}°在$\alpha=1$处相交。

考虑$\partial^{2}\pi_{ah}^{\circ}/\partial\alpha^{2}<0$，此时，$\pi_{ah}^{\circ}$是凹函数。由于$\pi_{f}^{*}$是凸函数，则$\pi_{f}^{*}$与$\pi_{ah}^{\circ}$会在$\alpha=\alpha^{\circ}$和$\alpha=1$处相交，且当$\alpha\in\left[\alpha^{\circ},\alpha_{d}\right]$时，$\pi_{ah}^{\circ}>\pi_{f}^{*}$，提供者$a$有动机转向采用协商式定价机制。

同理，考虑$\partial^{2}\pi_{ah}^{\circ}/\partial\alpha^{2}>0$，此时，$\pi_{ah}^{\circ}$是凸函数。$\pi_{h}^{**}$、$\pi_{f}^{*}$、$\pi_{ah}^{\circ}$在$\alpha=1$处相交，对于任意$\alpha<1$，$\pi_{ah}^{\circ}$与$\pi_{h}^{**}$最多相交一次。假定存在$\alpha^{\circ}$，使得$\alpha=\alpha^{\circ}$时，$\pi_{f}^{*}=\pi_{ah}^{\circ}$，且在$\alpha\in\left[\alpha^{\circ},\alpha_{d}\right]$时，$\pi_{ah}^{\circ}>\pi_{f}^{*}$，则当普通消费者的占比在$\left[\alpha^{\circ},\alpha_{d}\right]$范围内时，提供者$a$有动机转向协商式定价。

命题 6.6 得证。

附录 4：命题 6.7 的证明

当$\pi'=\pi_{f}^{\circ}-\pi_{h}^{**}>0$，$\pi''=\pi_{h}^{\circ}-\pi_{f}^{*}>0$同时成立时，存在知识提供者分别采用协商式定价机制和发布式定价机制的非对称纳什均衡。为更好地理解命题 6.7，用算例进行分析。给定$\theta_{n}=10$，$\theta_{y}=2.81$，$c_{y}=2$，$\gamma=0.5$。当普通消费者的占比$\alpha=0.5$时，存在一个知识提供者采用发布式定价机制和一个知识提供者采用协商式定价机制的非对称竞争均衡。

第 7 章　用户策略行为下的知识产品定价机制

本章重点考察知识产品价值的“易逝性”与“不确定性”驱动消费者的策略性行为。同时，知识提供者采取“订阅”或“按需”定价机制会引致不同的心理成本，这些都将影响其最终定价决策。基于此，分别在进行价格承诺与不进行价格承诺的理论框架下，构建知识产品两阶段动态博弈模型，探讨双寡头提供者的最优定价决策。本章结构安排如下：第一部分提出研究问题；第二部分为互联网知识付费产品定价问题，主要分析消费者的策略行为与心理成本，考虑知识提供者的定价机制与价格承诺；第三部分构建知识产品定价模型，分别在进行价格承诺和不进行价格承诺框架下研究提供者的最优定价机制，并通过比较静态分析，讨论提供者最优按需价格和最优订阅价格的影响因素；最后是本章小结。

7.1　问 题 提 出

全民创作时代，多元化的知识供给尽管满足了用户长尾化的内容需求，但层出不穷的信息快速更迭，使得知识价值呈现出典型的“易逝性”特征[149]。同时，根据阿罗信息悖论[117]，面对质量不可验证的知识产品，消费者对其价值感知存在极大的不确定性，这些会导致消费者产生策略性行为。此时，消费者权衡利弊后在最佳时机做出最优购买决策。面对知识消费者的这种策略行为，部分提供者“见风使舵”（即“不进行价格承诺”），通过知识促销来迎合消费者降价预期。例如，喜马拉雅的知识狂欢节、网易云课堂中的限时优惠等降价活动。另一些提供者却“始终如一”（即“进行价格承诺”），通过价格维持以缓解消费者等待行为。然而，在知识交易中，学术界尚未对提供者究竟是否应该进行价格承诺，以及什么时候进行价格承诺展开讨论。因而，考虑到知识消费者的理性决策行为，提供者有必要明晰其进行价格承诺的边界条件。

知识提供者制定定价决策，首先需要明确选择何种定价机制。传统知识产品囿于其物质载体难以分割，多采用按整本书或整个学期（订阅定价机制）的方式售卖知识，消费者不能单独购买部分知识内容。然而，在互联网情境下，受益于知识内容的在线化和电子化，消费者可以根据个人喜好与实际需求购买“分割化”的知识小节（按需定价机制）。例如，荔枝微课上的“小岛经济学”课程，消费者能够支付 9.9 元购买一节知识课程。尽管这种定价机制很好地契合了消费者差别化与碎片化的内容请求，但有别于订阅定价机制下一次性的支付体验，按需定价机制下频繁的支付行为将使消费者产生支付疼痛感[150, 151]，从而不可避免地增加其知识购买时感知到的心理成本[41, 152]。因此，提供者在选择定价机制时有必要关注消费者的心理成本因素。

综上所述，分别在提供者进行价格承诺与不进行价格承诺的理论框架下，构建知识付费产品两期定价博弈模型，试图探讨以下几个问题：①双寡头知识提供者将如何在按需定价机制与订阅定价机制之间进行选择？②最优知识付费产品价格受哪些因素影响？③知识提供者进行价格承诺的边界是什么？对上述问题的剖析将为知识提供者制定价格决策提供理论依据与现实指导。

7.2　互联网知识付费产品定价问题

作为认知盈余变现的关键环节，产品的定价是提供者对消费者购买决策的一种反应。同时，消费者购买行为也会受到提供者定价决策的影响。由此可见，互联网知识付费产品定价是一个供需双向驱动的动态博弈过程。

7.2.1　知识消费者行为分析

知识产品的主观体验性使消费者在知识交易中话语权与主体地位提高，提供者制定价格策略时必须考虑消费者的行为特征。在这里，主要分析消费者的策略行为与心理成本。

1. 知识消费的策略行为

互联网知识付费过程中，消费者将产生策略性购买行为，这是因为：其一，缓解知识价值的“易逝性”。消费者可从知识产品中获得内容价值、体验价值、情感价值[34]等价值感知，但其所获价值会随时间贬值。可能原因在于：①知识内容时效性增强。群体传播时代，知识信息就像“牡蛎”，新鲜的时候最有价值。典型的如咨询类知识内容，呈现“日日更新，时时不同”的特征，更新迭代日益加快的知识产品价值不断削减。②知识学习尝鲜感冷却。部分消费者购买知识时受到尝鲜驱使或“标题党”和“热点追踪”等营销策略影响产生冲动消费倾向，恢复理性后体会到“所买非所需、质量非所期”的落差，知识内容含金量与用户期望满足度不足，体验感随之降低。③知识产品稀缺性下降。知识价值源于其稀缺性[28]，然而，同质化竞争使原创性稀缺知识减少，易复刻传播使扩散性稀缺知识减少，导致知识价值随之降低。其二，减轻知识价值的“不确定性”。知识价值源于消费者对知识内容的评价[153]，但购买前消费者对知识内容评价存在极大不确定性[154]。这是由于：①知识产品具有体验属性[4]。作为一种典型的体验品，消费者在购买之前很难对知识质量形成准确认知。加之提供者特征、学习环境、网络条件等多因素影响，更加剧了知识价值的不确定性。②知识产品具有投资属性[4]。消费者购买知识产品，通过构建知识框架与完善知识图谱来实现思维扩展与认知升级，为未来工作生活赋能，因而，消费者会关注知识的未来价值。然而，知识提供倾向于“重传输轻实践、重过程轻结果”，使学习效果很难得到及时验证。此外，知识吸收内隐过程不仅需要用户投入大量的时间精力成本，还受到其知识禀赋与认知结构约束，这些都导致知识的未来价值也存在不确定性。考虑到互联网知识付费实践中购买方式的多样性（订阅或按需），可以认为消费者策略性行为表现为前期按需购买，等待订阅价格下降后，考虑是否转为按订阅方式购买。根据价格调节理论，消费者对低价（按需价格）产品普遍具有尝试欲望，而认为高价（订阅价格）产品存在较高购买风险，从而体验意愿降低[155]。

2. 知识支付的心理成本

根据双通道心理账户理论[151]，消费者知识购买过程，不仅会体验到知识消费带来的愉悦感，也会感知到知识支付带来的疼痛感。这种疼痛感会使消费者感知到一定的心理成本，其将受到提供者采取的定价机制、支付手段与知识产品特征等因素影响。首先，提供者采用不同定价机制引致的消费者心理成本具有显著差异，原因在于：①联结系数差异。支付联结系数刻画了支付与消费间的紧密程度，系数越高意味着心理成本越大[151]。订阅定价下“一次支付享受多次知识服务”的打包模式使联结程度较弱，而按需定价下“一次支付享受一次知识服务”的即时模式使联结变得非常紧密。②沉没成本差异。沉没成本表现为消费者在进行知识支付时所付出的成本，其对消费者的影响会随时间推移而减小[156]。相较于按需定价，订阅定价机制下消费者一次支付享受多次服务，其在后期学习感知的沉没成本逐渐变小。③消费者预付偏好。尽管从货币的时间价值角度看，按需定价应是较优选择，但研究表明，消费者具有预付偏好[157]，订阅定价使消费者在进行知识体验时忽视成本而仅考虑知识收益。基于上述原因可知，知识提供者采用按需定价机制将使消费者产生较高心理成本，而采用订阅定价机制时消费者心理成本可忽略不计。

其次，心理成本的大小还受到支付手段与知识产品特征影响。这体现在：①不同支付方式的透明度差异。支付透明度测度了支付手段相较于现金支付的明显性，程度越高意味着消费者支付时感知的心理成本越明显[157]。互联网知识付费在移动支付技术赋能下，现金流动以字符跳动为表征，较低的透明度弱化支付疼痛感知，降低消费者的心理成本[158]。②不同知识产品特征影响消费者"打包"购买倾向。类似于专题、书籍等"整体式"知识产品，其知识结构整体性较强，不同章节之间联系紧密，分割式购买不利于消费者的系统化学习需求，消费者"一揽子"购买倾向更加强烈，此时，其选择按需购买的心理成本将较大。问答、直播互动等"散点式"知识产品，不同知识小节之间相关性较弱。此时，消费者更倾向即时双向互动，分散购买的倾向就会更加强烈，心理成本则较小。

7.2.2　知识供给者决策分析

实现认知盈余变现是提供者参与知识付费的重要动机，其中关键是做出合理有效的价格决策。在这里，主要考虑知识提供者的定价机制与价格承诺。

1. 知识产品的定价机制

订阅定价机制，即对知识产品制定"套餐价"。以"得到 APP"中"薛兆丰的经济学课"为例，这个课程一共包括 366 讲，定价为 249 得到贝。若提供者采用订阅定价机制，一方面，可以对轻度需求用户收取较高价格获取超额收益，对重度需求用户提供优惠增加其黏性[159]，增强与消费者之间的联系，产生锁定效应。同时，可以视为对其他课程小节的一种预付，消费者只需在最开始进行支付，后面学习时仅关注知识收益而忽略不断支付带来的心理成本。另一方面，相对于按需价格，订阅价格一般较高，考虑到质价不符风险，消费者更倾向于产生等待行为。同时，一刀切地向所有消费者收取较高订阅价格，会降低轻度用户的购买意愿，不利于需方规模增长。

按需定价机制，即对知识小节制定"课单价"。例如，"喜马拉雅 APP"中"白话资治通鉴"课程，总共有 854 条音频，单节课定价为 0.2 喜点。提供者采用按需定价机制，一般会产生正反两方面效应。从正面来看，这种定价机制将知识产品细分后以按需价格出售，缓解了订阅定价机制下"众口难调"的困境，是一种自由度更高的购买方式，消费者可以根据其异质需求选择不同的知识组合及量价合约，有利于提供者对不同消费者进行差别定价。同时，单价较低的优势可以降低知识付费门槛，为碎片化与轻量化需求的消费者提供新的学习渠道，吸引不愿接受订阅价格获取知识的边缘消费者。从反面来看，按需定价机制下，用户每次知识学习都会产生支付行为，这将引致一定的心理成本，降低其知识购买意愿。

2. 知识价格的承诺策略

知识提供者进行价格承诺时，将在销售期内保持知识价格固定不变[160，161]。一般来说，提供者进行价格承诺会产生两方面影响：一方面，可以缓解消费者策略性等待行为，吸引其在前期购买产品[162]，从而避免产品价值折旧带来的收益损失。另一方面，会限制提供者对市场需求变动做出即时反应[124]，不利于提供者审时度势地调整产品价格。在互联网知识交易中，提供者有必要根据其所处的市场环境和边界条件，考虑是否进行价格承诺。

基于上述分析，总结互联网知识付费产品的定价逻辑：知识产品价值的易逝性与不确定性驱动消费者的策略性行为。此时，提供者考虑是否进行价格承诺。如果进行价格承诺，提供者首先选择定价机制并给出相应价格，消费者根据其效用决定购买行为。如果不进行价格承诺，提供者首先选择定价机制，并给出第一期知识价格，消费者基于理性预期决定其购买行为。在第二期，提供者重新制定知识价格，前期按需购买的消费者根据其效用选择是否接受不同（订阅）定价机制。

7.3　知识产品定价模型

在双寡头情境下研究知识付费产品定价问题具有一定的现实考量：互联网知识交易的数字化、生产流程的标准化及内容创作的模仿化，增加了同栏目知识产品之间的替代性，使得知识提供市场竞争日趋激烈。然而，面对内容质量良莠不齐的现实背景，消费者偏好优质专业的干货与多元有料的内容，这要求提供者需要具备一定的专业与经验门槛，从而使知识付费市场呈现出一种不完全竞争的状态。

7.3.1　模型假设

1. 知识提供者

考虑双寡头市场，知识提供者(A,B)向多个潜在消费者提供同质知识内容，知识产品可拆分成更小单位的知识小节。考虑到消费者策略性行为，提供者会进行两阶段定价$(t=1,2)$。提供者首先会决定是否进行价格承诺，在进行价格承诺(C)或不进行价格承诺(NC)的前提下，提供者将在订阅定价机制(S)与按需定价机制(D)之间进行选择[159, 163]，并制定订阅价格p_{St}和按需价格$p_{Dt}(t=1,2)$。由于知识产品存在"高固定生产成本，零边际生产成本"特征，不失一般性地，将知识生产成本标准化为零。由于提供者收益具有一定的时间价值[164]，假设其贴现因子为δ。

2. 知识消费者

假设知识市场潜在消费者人数为N，消费者i的知识需求量为θ_i，假设θ_i在$[0,\theta_d]$上服从均匀分布，θ_d表示用户对知识产品的最大可能需求（总节数）。一般而言，θ_i越大，消费者越可能是重度用户。假设消费者从每一知识小节中获得的价值感知为ω。同时，假设消费者在订阅定价机制下产生的心理成本为0，在按需定价机制下每次支付产生的心理成本为c。

此时，消费者按订阅方式购买获得的效用为

$$U_{St}=\delta^{t-1}(\theta_i\omega-p_{St}),\quad t=\{1,2\}$$

消费者以按需方式购买获得的效用为

$$U_{Dt}=\delta^{t-1}\theta_i(\omega-c-p_{Dt}),\quad t=\{1,2\}$$

其中，$\delta\in[0,1]$表示消费者的贴现因子或耐心程度。δ越大，表示消费者耐心程度越高，越可能产生等待行为[165, 166]。

7.3.2　均衡定价策略

由于提供者双方均可在按需定价机制与订阅定价机制中进行选择，此时，共存在四种可能的竞争策略组合（$SS/SD/DS/DD$），首先讨论提供者采用相同定价机制（SS或DD）的情形。

1. 进行价格承诺

在提供者进行价格承诺的前提下，考虑提供者A,B均采用订阅（或按需）定价机制，令p_S^A，p_S^B，Π_S^A，Π_S^B分别表示其价格和利润。若(p_S^{A*},p_S^{B*})为纳什均衡价格，则对于任意ε，应满足：$\Pi_S^{A*}(p_S^{A*},p_S^{B*})>\Pi_S^A(p_S^{A*}\pm\varepsilon,p_S^{B*})$，$\Pi_S^{B*}(p_S^{A*},p_S^{B*})>\Pi_S^B(p_S^{A*},p_S^{B*}\pm\varepsilon)$。

首先，若$p_S^{A*}\neq p_S^{B*}$，假设$0<p_S^{A*}<p_S^{B*}$，则效用$U>0$消费者会偏向购买A提

供的知识产品。此时，A 将获得全部市场份额，而 B 的利润为零，即 $\Pi_S^{A*} > \Pi_S^{B*} = 0$。对 B 来说，当 $\varepsilon = \lim_{h \to 0} p_S^{B*} - p_S^{A*} + h$，不满足纳什均衡条件 $\Pi_S^{B*}\left(p_S^{A*}, p_S^{B*}\right) > \Pi_S^B\left(p_S^{A*}, p_S^{B*} - \varepsilon\right)$。

其次，若 $p_S^{A*} = p_S^{B*}$，但 $p_S^{A*} = p_S^{B*} = p_S^* \neq 0$，则消费者在选择 A 与 B 之间无差异。此时，提供者 A 和 B 将平分市场并获得相同利润，即 $\Pi_S^{A*}\left(p_S^{A*}, p_S^{B*}\right) = \Pi_S^{B*}\left(p_S^{A*}, p_S^{B*}\right)$。然而，当 $\varepsilon = \lim_{h \to 0} h$ 时，不满足纳什均衡条件 $\Pi_S^{A*}\left(p_S^{A*}, p_S^{B*}\right) > \Pi_S^A\left(p_S^{A*}, p_S^{B*} - \varepsilon\right)$。因此，提供者双方均采用订阅定价机制时均衡利润为零（证明过程见本章附录附录 1）。

2. 不进行价格承诺

在提供者不进行价格承诺的前提下，消费者前期购买决策将受到后期价格影响，采用逆推法求解知识提供者的均衡策略。令 $\left(p_{S2}^{A*}, p_{S2}^{B*}\right)$ 分别表示 A, B 第二阶段的均衡价格，则对任意 ε 应满足：$\Pi_{S2}^{A*}\left(p_{S2}^{A*}, p_{S2}^{B*}\right) > \Pi_{S2}^A\left(p_{S2}^{A*} \pm \varepsilon, p_{S2}^{B*}\right)$，$\Pi_{S2}^{B*}\left(p_{S2}^{A*}, p_{S2}^{B*}\right) > \Pi_{S2}^B\left(p_{S2}^{A*}, p_{S2}^{B*} \pm \varepsilon\right)$。

在第二阶段，消费者根据当期价格进行决策。根据上述讨论及附录 1 可知，提供者同时采用相同定价机制时，均衡价格及利润为零。在第一阶段，知识需求满足 $(1+\delta)(\theta_i\omega - p_{S1}) > \delta\theta_i\omega - p_{S2} > 0$ 的消费者会在前期购买，否则会延期购买。

因此，在第一阶段，提供者 A 和 B 将在前期购买的这部分消费者间进行竞争。令 $\left(p_{S1}^{A*}, p_{S1}^{B*}\right)$ 表示第一阶段的均衡价格，则对任意 ε 应满足：$\Pi_{S1}^{A*}\left(p_{S1}^{A*}, p_{S1}^{B*}\right) + \delta\Pi_{S2}^{A*} > \Pi_{S1}^A\left(p_{S1}^{A*} \pm \varepsilon, p_{S1}^{B*}\right) + \delta\Pi_{S2}^{A*}$，$\Pi_{S1}^{B*}\left(p_{S1}^{A*}, p_{S1}^{B*}\right) + \delta\Pi_{S2}^{B*} > \Pi_{S1}^B\left(p_{S1}^{A*}, p_{S1}^{B*} \pm \varepsilon\right) + \delta\Pi_{S2}^{B*}$。由于后期均衡利润为零，根据上述讨论，达到均衡时第一阶段的价格和利润也为零。

综上所述，无论提供者双方是否进行价格承诺，采取相同定价机制均只能获得零利润。因此，假设 Π_S，Π_D 分别表示采用订阅定价机制的提供者与采用按需定价机制的提供者利润，可得收益矩阵（均衡结果见命题 7.2 与命题 7.3）。根据威尔逊的证明[167]，如果存在两个纯策略均衡，则一定会存在一个混合策略均衡，为简便分析，在这里只考虑纯策略均衡而不讨论混合策略均衡。

根据以上讨论，可得如下命题。

命题 7.1 无论是否进行价格承诺，双寡头提供者将采用差异化的定价策略，即分别采取订阅定价机制 (S) 和按需定价机制 (D)。

命题 7.1 发现，在双寡头情境中，知识提供者应分别采用订阅定价机制和按需定价机制。原因在于：发布同质知识内容的提供者，如果采用相同定价机制，

“非零同价”无法维持提供者间的默契合谋，而“价格偏倚”又导致低价提供者获得全部市场份额，从而引发“两败俱伤”的价格战。在互联网知识付费实践中，数字化知识产品具有价格透明、调整成本低等特点，更加剧了这种轮流降价的伯川德竞争。不同于提供者采用相同定价机制时，是对同一用户群体的“零和博弈”。提供者采用不同定价机制，可作为差异化策略实现自我区分[161]，识别不同知识需求程度的消费者群体，规避了对用户的直面竞争，使其可以在盈余变现中实现正利润。

知识付费市场呈现全民输出的局面，更体现在纵向内容多样性上，从横向来看，同类知识产品之间多表现出寡头竞争的状态。例如，考研课程、职业资格培训课程、发布相同知识内容的提供者等。命题 7.1 启示知识提供者，若知识付费市场中存在其他提供者讲授相同知识内容，在选择定价机制时，应采用与之差异化的定价机制。考虑到知识产品的可分割性与知识消费者需求的异质性，引入按需定价机制。在现有研究中，Cachon 和 Feldman[160]认为，如果消费者需求量存在异质性，单个提供者应采用按需定价机制。其原因在于，单个提供者仅需考虑与消费者之间的博弈，按需定价机制可以对所有需求程度的消费者进行价格歧视，而在双寡头情境中，不仅需要考虑供需博弈，还需考虑提供者之间的竞争博弈。

下文分析中，均以提供者分别采用订阅定价与按需定价为前提求解其均衡价格及利润。为叙述方便，将采用订阅定价机制的提供者简称为“订阅提供者”，将采用按需定价机制的提供者简称为“按需提供者”。

7.3.3　进行价格承诺：不变价格缓解消费者策略行为

1. 消费者选择

如果提供者双方进行价格承诺。第一阶段，提供者首先选择定价机制并制定相应价格（订阅价格 p_{S1}，按需价格 p_{D1}）。消费者根据其效用选择不同的定价机制；第二阶段，提供者维持第一阶段价格（$p_{S1}=p_{S2}=p_S$，$p_{D1}=p_{D2}=p_D$），消费者选择也保持不变（图 7.1）。实质上，这相当于一种静态定价，固定价格能有效缓解消费者的策略行为。此时，消费者通过订阅方式购买知识获得的效用为

$$U_S=(1+\delta)\theta_i\omega-p_S$$

消费者通过按需方式购买知识获得的效用为

$$U_D=(1+\delta)\theta_i(\omega-c-p_D)$$

消费者在订阅购买与按需购买之间需求无差异点为 $\theta_C=\dfrac{p_S}{(1+\delta)(p_D+c)}$。因此，当 $0<\theta<\theta_C$ 时，消费者选择按需购买；当 $\theta_C<\theta<\theta_d$ 时，消费者选择订阅购买。

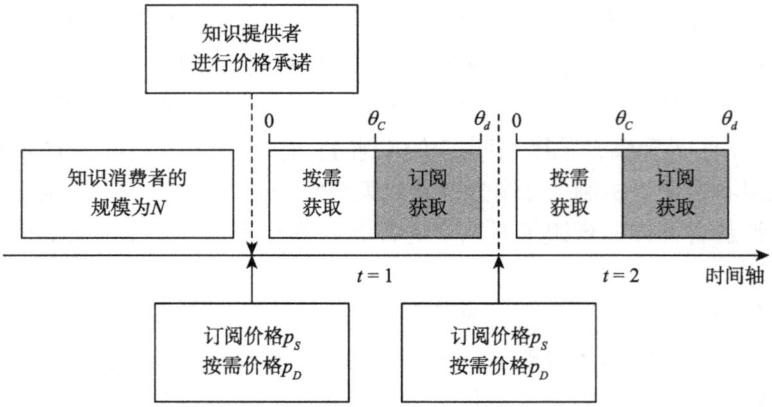

图 7.1　实施价格承诺时的消费者选择

2. 提供者最优价格决策

订阅提供者市场份额为$MS_S^C=\frac{1}{\theta_d}\left[\theta_d-\theta_C\right]$，收益为$\varPi_S^C=\frac{Np_S}{\theta_d}\left[\theta_d-\theta_C\right]$。对$p_S$求偏导，可得反应函数$P_S=\frac{\theta_d\left(1+\delta\right)\left(P_D+c\right)}{2}$，且二阶导$\frac{\partial^2\varPi_S}{\partial {p_S}^2}=\frac{N\left(1+\delta\right)}{\theta_d}\left(-\frac{2}{p_{d2}+C}\right)<0$，满足利润最大化条件。

按需提供者期望市场份额为$MS_D^C=\frac{\theta_C}{2\theta_d}$，收益为$\varPi_D^C=\frac{Np_D}{2\theta_d\left(1+\delta\right)}\left[\frac{p_S}{p_D+c}\right]^2$，且满足$p_D\leqslant\omega-c$。对$p_D$求偏导，可得$\frac{\partial\varPi_D}{\partial p_D}=\frac{Np_S^2}{2\theta_d\left(1+\delta\right)}\frac{\left(c-p_D\right)}{\left(p_D+c\right)^3}$，此时应分两种情况讨论（证明见本章附录附录 2）。

根据以上分析，可得如下命题：

命题 7.2　如果双方都进行价格承诺，知识付费产品价格（p_S^{c*}，p_D^{c*}）取决于消费者知识需求、感知价值、耐心程度和心理成本，且与心理成本之间呈现出“非线性”关系。具体如下：①当心理成本较低时$\left(c\leqslant\frac{\omega}{2}\right)$，$p_S^{c*}=\left(1+\delta\right)\theta_d c$，$p_d^{c*}=c$；②当心理成本较高时$\left(c>\frac{\omega}{2}\right)$，$p_S^{c*}=0.5\theta_d\left(1+\delta\right)\omega$，$p_d^{c*}=\omega-c$。

根据命题 7.2 可知，如果提供者进行价格承诺，最优按需价格随心理成本增加先递增，到达阈值后递减；最优订阅价格随心理成本增加先增加，到达阈值后不变。背后的逻辑机理为：当消费者心理成本较低时，按需价格相对更具吸引力。此时，订阅提供者会降价以提升其市场需求，竞争导致知识提供者双方的收益均减小，将其称为“竞争侵蚀效应”。随着用户心理成本增加（但小于阈值门槛），“竞争侵蚀效应”减弱，双寡头提供者收益都会增加。随着用户心理成本继续增加，超过阈值门槛，按需价格的相对优势随之消失，价格开始下降，将其称为“心理约束效应”。此时订阅提供者在“高产品价格”与“高市场占有”之间权衡，最终达到均衡时价格不再随心理成本变动。

命题 7.2 为维持不变价格的知识提供者制定价格决策提供参考：提供者需要考虑消费者心理成本、耐心程度等因素对其效用的影响。首先，提供者要对消费者心理成本(c)给予足够重视。一方面，可以对消费者历史支付偏好、对频繁小额支付排斥感等进行调研及数据分析，以便合理定价；另一方面，可以对知识产品分割方式、细分程度、支付方式等因素对消费者心理成本的影响进行探究，以便寻求可以改变消费者心理成本的可行路径。其次，价格承诺虽然缓解了消费者的策略性行为，但订阅定价的锁定效应使耐心程度(δ)仍会对其价格产生影响。此时，订阅提供者需关注消费者耐心程度。最后，当消费者心理成本较高时，价值(ω)成为产品价格的关键因素。这启发提供者从产品内容、互动参与、知识服务等多个方面提升用户感知价值。优质精深的内容与服务才是维持其产品持续活力的“制胜法宝”。

7.3.4　缺乏价格承诺：价值贬值引致消费者策略等待

1. 消费者选择

如果提供者双方不进行价格承诺：第一阶段，提供者首先选择定价机制并制定相应价格（ p_{S1} 与 p_{D1} ）。消费者根据理性预期选择购买决策；第二阶段，提供者重新制定价格（ p_{S2} 与 p_{D2} ），消费者根据其效用变化考虑是否改变购买策略（图 7.2）。实质上，这是一种动态定价。从整个销售期来看，消费者有三种知识购买策略。

（1）前按需，后按需。消费者具有零散化、碎片化的知识需求，即使价格下降也没有动力按订阅方式购买。消费者效用函数为

$$\begin{cases} U_{Dt} = \theta_i(\omega - c - p_{Dt}), & t=1 \\ U_{Dt} = \delta\theta_i(\omega - c - p_{Dt}), & t=2 \end{cases}, \quad U_D = U_{D1} + U_{D2}$$

（2）前按需，后订阅。前期由于订阅门槛过高选择按需方式购买知识，等待后期价格下降后转为订阅知识。消费者效用函数为

$$\begin{cases} U_{Dt} = \theta_i(\omega - c - p_{Dt}), & t=1 \\ U_{St} = \delta(\theta_i\omega - p_{St}), & t=2 \end{cases}, \quad U_{D+S} = U_{D1} + U_{S2}$$

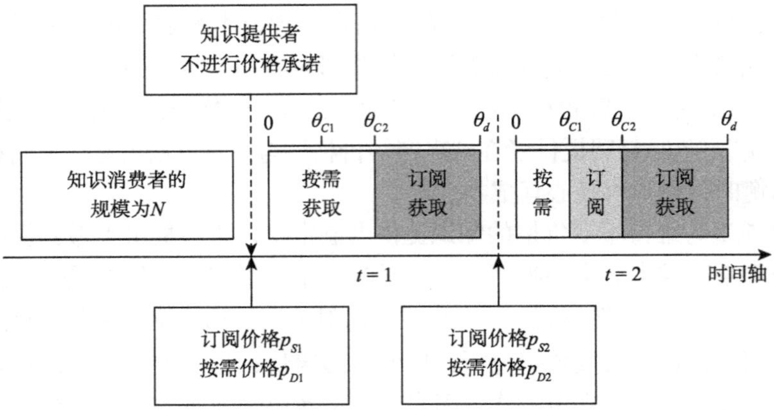

图 7.2　缺乏价格承诺时消费者选择

（3）前期即订阅。消费者具有整体化、系统化知识需求，前期即有足够动力订阅知识。消费者效用函数为

$$\begin{cases} U_{St}=\theta_i\omega-p_{St}, & t=1 \\ U_{Dt}=\delta\theta_i\omega, & t=2 \end{cases},\quad U_S=U_{S1}+U_{S2}$$

此时，消费者存在两种选择边界：①具有知识需求$\theta_{C2}=\dfrac{p_{S2}}{p_{D2}+c}$时，第二期在订阅购买与按需购买之间无差异；②具有知识需求$\theta_{C1}=\dfrac{p_{S1}-\delta p_{S2}}{p_{D2}+c}$，第一期在订阅与按需购买之间无差异。可得消费者选择的需求分布为：$0<\theta_i<\theta_{C1}$，前按需，后按需；$\theta_{C1}<\theta_i<\theta_{C2}$，前按需，后订阅；$\theta_{C2}<\theta_i<\theta_d$，前期即订阅。

2. 提供者最优价格决策

采用逆推法求解知识提供者的均衡价格及利润。

在第二阶段，订阅提供者新增市场份额为$MS_{S2}^{NC}=\dfrac{\theta_{C1}-\theta_{C2}}{\theta_d}$，按需提供者剩余市场份额为$MS_{D2}^{NC}=\dfrac{\theta_{C2}}{\theta_d}$。订阅提供者利润为$\varPi_{S2}^{NC}=\dfrac{Np_{S2}}{\theta_d}(\theta_{C1}-\theta_{C2})$，按需提供者利润为$\varPi_{D2}^{NC}=\dfrac{Np_{D2}}{\theta_d}(\theta_{C2})^2$。

在第一阶段，订阅提供者市场份额为$MS_{S1}^{NC}=\dfrac{1}{\theta_d}(\theta_d-\theta_{C1})$，按需提供者市场份额为$MS_{D1}^{NC}=\dfrac{1}{2\theta_d}(\theta_{C1})^2$。订阅提供者总利润为$\varPi_S^{NC}=\dfrac{N}{\theta_d}p_{S1}(\theta_d-\theta_C)+\delta\varPi_{S2}$，按

需提供者总利润为$\Pi_D^{NC}=\dfrac{Np_{D1}}{2\theta_d}(\theta_C)^2+\delta\Pi_{D2}$。根据利润最大化原则，可得以下命题（证明见本章附录附录3）。

命题 7.3　如果双方都不进行价格承诺，知识付费产品价格（p_{S1}^{nc*}，p_{S2}^{nc*}，p_{D1}^{nc*}，p_{D2}^{nc*}）依赖于消费者知识需求、感知价值、耐心程度和心理成本，且与心理成本之间呈现出“非线性”关系。具体如下：

（1）当心理成本较低时$\left(0<c\leqslant\dfrac{\omega}{2+0.5\delta}\right)$，$p_{S1}^{nc*}=\dfrac{\theta_d c\left(2+\dfrac{3\delta}{2}\right)^2}{4+2\delta}$，$p_{S2}^{nc*}=\dfrac{\theta_d(4+3\delta)c}{4(2+\delta)}$；$p_{D1}^{nc*}=\left(1+\dfrac{\delta}{2}\right)c$，$p_{D2}^{nc*}=c$。

（2）当心理成本适中时$\left(\dfrac{\omega}{2+0.5\delta}<c\leqslant\dfrac{\omega}{2}\right)$，$p_{S1}^{nc*}=\dfrac{\theta_d(\omega+\delta c)^2}{2\omega+\delta c}$，$p_{S2}^{nc*}=\dfrac{\theta_d(\omega+c\delta)c}{(2\omega+c\delta)}$；$p_{D1}^{nc*}=\omega-c$，$p_{D2}^{nc*}=c$。

（3）当心理成本较高时$\left(c>\dfrac{\omega}{2}\right)$，$p_{S1}^{nc*}=\dfrac{2\theta_d\omega\left(1+\dfrac{\delta}{2}\right)^2}{4+\delta}$，$p_{S2}^{nc*}=\dfrac{\theta_d(2+\delta)\omega}{2(4+\delta)}$；$p_{D1}^{nc*}=\omega-c$，$p_{D2}^{nc*}=\omega-c$。

最优按需价格随心理成本增加，达到阈值后递减，但转折时心理成本更小$\left(c=\dfrac{\omega}{2+0.5\delta}\right)$；最优订阅价格随心理成本增加先增加，而后增速放缓，最后保持不变。背后的逻辑机理在于：当心理成本较低时，“竞争侵蚀效应”的加剧使双方收益受损。随着消费者心理成本增加，“竞争侵蚀效应”减少，提供者收益增加。当心理成本增加到一定程度$\left(c>\dfrac{\omega}{2+0.5\delta}\right)$时，后期按需价格的继续增加会导致更多消费者在后期选择按订阅方式购买，为避免总体收益损失，按需提供者开始降低前期价格，这将弱化“竞争侵蚀效应”减少带来的收益提升，导致订阅价格增速变缓。随着消费者心理成本继续增加$\left(c>\dfrac{\omega}{2}\right)$，“心理约束效应”将占据主导，按需价格会一直下降，订阅提供者进行“量价权衡”，维持不变价格。

命题7.3为知识付费实践中选择降价的提供者制定价格策略提供理论依据。消费者知识效用感知显著影响其购买行为，提供者在知识产品定价时要聚焦“消费者”（策略行为、心理成本）与“内容”（知识价值）两个核心，以提升消费者效用感知。

首先，在“产品输出难、用户留存难”的现实背景下，提供者要摒弃“重包装、偏宣传”的镰刀营销战略，秉持“持匠心、铸精品”的知识生产理念，提升用户价值感知(ω)及未来价值(δ)。

其次，按需定价机制在满足消费者异质内容需求的同时，也带来了一定的心理成本(c)约束。提供者应注重不同定价机制下消费者心理成本差异，并考虑支付方式、产品特征等因素对消费者心理成本的影响，对知识产品进行合理定价。

最后，当知识提供者不进行价格承诺时，由于前后期价格的交互影响，消费者耐心程度对提供者双方都会产生影响。提供者应根据其是否进行价格承诺及其采取的定价机制合理制定知识价格。

7.3.5　均衡收益对比分析

本节对比提供者进行价格承诺与不进行价格承诺下的均衡收益，探讨提供者进行价格承诺的边界条件。选取$\delta=(0.3,0.9)$，$0\leqslant c\leqslant 3$，$\omega=3$，对提供者收益进行算例分析（图 7.3）。其中，横轴代表心理成本，纵轴代表提供者收益，Π^{NC}代表不实施价格承诺时的收益，Π^{C}表示实施价格承诺时的收益，交点代表两种情况下均衡收益相等。

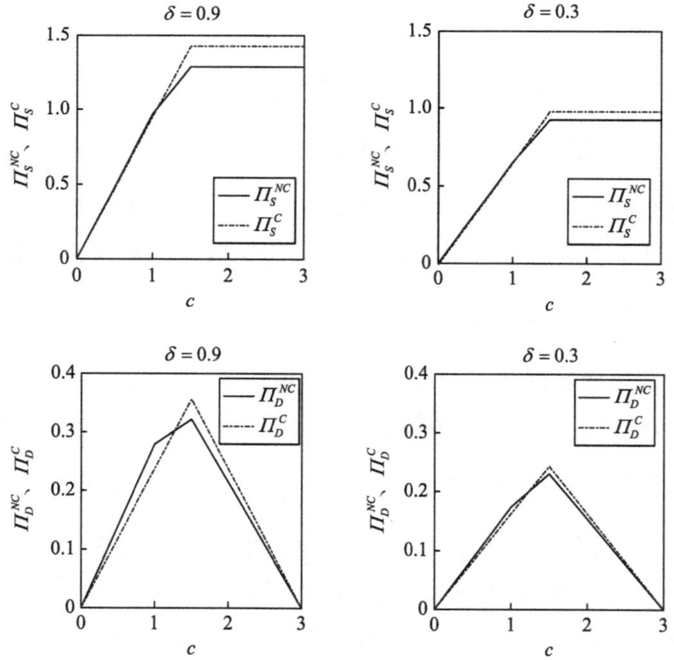

图 7.3　均衡收益的对比分析

根据图 7.3 与本章附录附录 4 可得命题 7.4。

命题 7.4　知识提供者的价格承诺策略取决于消费者心理成本：当消费者心理成本较低时，提供者应该进行价格承诺；当消费者心理成本较高时，提供者不应该进行价格承诺。

若提供者不进行价格承诺，部分消费者会在前期选择按需购买，后期等待订阅价格下降选择按订阅方式购买，当市场规模(N)一定时，这会减少订阅提供者在第一期构建顾客基础的压力，从而降低提供者双方整个销售期的竞争强度。因此，不进行价格承诺具有分散竞争作用，会弱化"竞争侵蚀效应"，提供者双方可制定较高价格并促进收益提升。若提供者进行价格承诺，双方在第一阶段就会为了消费者规模进行激烈竞争，收益也会较低。但当消费者心理成本较高时，较大的"心理约束效应"使不进行价格承诺时的竞争分散作用也无法维持按需价格的提升，"竞争侵蚀效应"的加剧会降低双方收益。命题 7.4 为知识提供者选择价格承诺策略提供了一个新的视角：当消费者心理成本较低时，不进行价格承诺迎合了消费者延期购买的降价期待，消费者的策略性行为分散了提供者的竞争压力并提升了提供者双方收益。例如，喜马拉雅中的"喜点"支付设计，消费者购买知识产品需要先购买"喜点"，再用"喜点"进行支付，这种方式削弱了消费者的心理成本，此时提供者可以选择承诺价格。反之，较大的"心理约束效应"使缺乏价格承诺时竞争分散的作用无法发挥，蚕食提供者收益。例如，在"网易云课堂"中，对于 Python 等一些专业性较高的课程，消费者一般会偏向于系统化学习。此时，分散购买可能会加大消费者心理成本，释放价格承诺的信号可能是提供者的最优选择。

7.4　本章小结

知识付费为大众草根知识变现提供了一条崭新路径，作为知识交易的关键环节，知识产品定价问题已引起业界和学界的广泛关注。本章立足于知识提供者视角，考虑知识价值的易逝性和不确定性，以及采用不同定价机制引致的消费者心理成本差异，分别在提供者实施价格承诺及不实施价格承诺的框架下，探讨了双寡头知识提供者均衡定价机制选择与最优产品价格制定，并进一步探究提供者进行价格承诺的边界条件。

研究发现：①知识竞争中，无论是否承诺定价，提供者均衡策略是分别采用订阅定价与按需定价。②心理成本引致的"竞争侵蚀效应"与"心理约束效应"，是导致最优订阅价格和最优按需价格随心理成本变化呈"非线性"变动的重要机制。③消费者心理成本是影响提供者是否进行价格承诺的重要因素。

本章研究对知识提供者具有如下启示。

（1）审时度势，实施价格承诺策略。由于消费者策略行为，提供者需要考虑是否进行价格承诺。本书发现，在双寡头竞争的环境下，价格承诺的实施具有约束条件。提供者应根据消费者心理成本变化选择价格承诺策略。当消费者心理成本较低时，提供者应该“见风使舵”迎合消费者降价期待。例如，在内容领域开展“双十一”活动，进行限时特惠等。当消费者心理成本较高时，提供者应该“始终如一”避免消费者等待行为。例如，在一定时间内的承诺价格不会发生变动，或者发出不降价信号等。

（2）顺竞而为，采用差别定价机制。知识产品竞争中存在复杂的博弈关系，在进行价格决策时，应把握自身定价决策、消费者行为及竞争者定价决策。提供者不仅需要对消费者行为进行合理应对，还需对竞争对手信息进行细致考察。例如，对提供同类知识的提供者积累的社会资本（粉丝数、点赞数、收藏数等）及历史定价决策等信息进行调查，做到知己知彼，在进行定价机制选择时能够有的放矢，避免与其采用相同定价机制。同时，提供者也要尽量占取先机，通过可置信的信号获得定价机制选择的先动优势。

（3）相机抉择，制定知识产品价格。在知识交易中，提供者必须关注消费者心理成本变化、耐心程度、感知价值等因素。提供者可以利用感知量表、市场调研、数据分析等用户管理手段对消费者心理成本及耐心程度进行深入分析，并根据结果灵活制定知识产品价格。同时，知识付费是一个多重价值的互动过程，提供者不仅应秉承工匠精神，维系“高量产、有内容”的知识，提升实际内容与用户期望的契合度；还要提供“多延伸，有温度”的服务提升用户参与价值与情感价值。例如，提供课后答疑，专属班主任教学跟进增加场景互动，提高用户参与感。又如，“罗辑思维”推出“得到大学”，通过构建师生关系，实现知识层面的情感共振与归属认同。

本 章 附 录

附录 1：命题 7.1 证明

1）提供者均采用订阅定价

消费者选择 A 与 B 的效用分别为：$U_S^A=(1+\delta)\left(\omega\theta_i-p_S^A\right)$，$U_S^B=(1+\delta)\left(\omega\theta_i-p_S^B\right)$。

若$0<p_S^{A*}<p_S^{B*}$，则$\Pi_S^{A*}\left(p_S^{A*},p_S^{B*}\right)=\frac{\delta N p_S^{A*}}{\theta_d}\left(\theta_S-\frac{p_S^{A*}}{\omega}\right)$，$\Pi_S^{B*}\left(p_S^{A*},p_S^{B*}\right)=0$，当 $\varepsilon=\lim\limits_{h\to 0}p_{S2}^{B*}-p_{S2}^{A*}+h$ 时，$\Pi_S^{B}\left(p_S^{A*},p_S^{B*}-\varepsilon\right)=\lim\limits_{h\to 0}\frac{\delta N\left(p_S^{A*}-h\right)}{\theta_d}\left(\theta_d-\frac{p_S^{A*}-h}{\omega}\right)>\Pi_S^B=0$。

若$0<p_S^{A*}=p_S^{B*}=p_S^{*}$，则$\Pi_S^{A*}\left(p_S^{A*},p_S^{B*}\right)=\Pi_S^{B*}\left(p_S^{A*},p_S^{B*}\right)=\frac{\delta N p_S^{A*}}{2\theta_d}\left(\theta_d-\frac{p_S^{*}}{\omega}\right)$，当$\varepsilon=\lim\limits_{h\to 0}h$时，$\Pi_S^{A*}\left(p_S^{A*}-\lim\limits_{h\to 0}h,p_S^{B*}\right)\lim\limits_{h\to 0}\frac{\delta N\left(p_S^{A*}-h\right)}{\theta_d}\left(\theta_S-\frac{p_s^{*}-h}{\omega}\right)>\frac{\delta N p_S^{A*}}{2\theta_d}\left(\theta_d-\frac{p_S^{A*}}{\omega}\right)$。

2）提供者均采用按需定价

$$U_D^A=(1+\delta)\theta_i\left(\omega-c-p_D^A\right),\quad U_D^B=(1+\delta)\theta_i\left(\omega-c-p_D^B\right)$$

若 $0<p_D^{A*}<p_D^{B*}$，则 $\Pi_D^{A*}\left(p_D^{A*},p_D^{B*}\right)=\frac{\delta N p_D^{A*}\theta_d}{2}$，$\Pi_D^{B*}\left(p_D^{A*},p_D^{B*}\right)=0$，当 $\varepsilon=\lim\limits_{h\to 0}p_D^{B*}-p_D^{A*}+h$时，$\Pi_{D2}^{B}\left(p_D^{A*},p_D^{B*}-\varepsilon\right)=\lim\limits_{h\to 0}\frac{\delta N\left(p_D^{A*}-h\right)\theta_d}{2}>\Pi_D^B=0$。

若 $0<p_D^{A*}=p_D^{B*}=p_D^{*}$，$\Pi_D^{A*}\left(p_D^{A*},p_D^{B*}\right)=\Pi_D^{B*}\left(p_D^{A*},p_D^{B*}\right)=\frac{\delta N p_D^{A*}\theta_d}{2}$，如果 $\varepsilon=\lim\limits_{h\to 0}h$，则 $\Pi_D^{A*}\left(p_D^{A*}-\lim\limits_{h\to 0}h,p_D^{B*}\right)=\lim\limits_{h\to 0}\frac{\delta N\left(p_D^{A*}-h\right)\theta_d}{2}>\frac{\delta N p_S^{A*}\theta_d}{2}$。

附录 2：命题 7.2 证明

订阅提供者：$\max\limits_{p_S}\frac{N}{\theta_d}p_S\left[\theta_d-\frac{p_S}{p_D+c(1+\delta)}\right]$，对 p_S 求偏导 $\frac{\partial\Pi}{\partial p_S}=\frac{N}{\theta_d}\left[\theta_d-\frac{2p_S}{p_D+c(1+\delta)}\right]$，得 p_S^{*} 反应函数 $p_S^{*}=\frac{\theta_d(1+\delta)(P_D+c)}{2}$。按需提供者：$\max\limits_{p_D}\frac{Np_D}{2\theta_d(1+\delta)}\left(\frac{p_S}{p_D+c}\right)^2$，s.t. $P_D^{*}\leqslant\omega-c$。构建拉格朗日函数 $\Lambda=\frac{Np_D}{2\theta_d(1+\delta)}\left(\frac{p_S}{p_D+c}\right)^2-\lambda(\omega-c-p_D)$。分别对 p_D 与 λ 求偏导，得 $\frac{\partial\Lambda}{\partial P_D}=\frac{Np_S^2}{2\theta_d(1+\delta)}\frac{(c-p_D)}{(p_D+c)^3}-\lambda=0$，$\omega-c-p_D=0$。根据 KKT 条件，需要分成两种情况

讨论。

当$\lambda=0$，$P_D^*=c$，$c\leqslant\dfrac{\omega}{2}$，满足$\dfrac{\partial\Lambda^2}{\partial p_D^2}=\dfrac{Np_S^2}{2\theta_d(1+\delta)}\dfrac{(p_D-2c)}{(p_D+c)^4}<0$，代入$p_S^*$反应函数得$p_S^*=\theta_d c$。分别代入提供者利润得：$\Pi_S^C=\dfrac{N\theta_d c}{2}$，$\Pi_D^C=\dfrac{N\theta_d c}{8}$。

当$\lambda\neq0$，$P_D^*=\omega-c$，$c>\dfrac{\omega}{2}$，同样满足$\dfrac{\partial\Lambda^2}{\partial p_D^2}=\dfrac{Np_S^2}{2\theta_d(1+\delta)}\dfrac{(p_D-2c)}{(p_D+c)^4}<0$，代入$p_S^*$反应函数得$p_S^*=\dfrac{\theta_d\omega}{2}$。分别代入提供者利润得：$\Pi_S^C=\dfrac{N\theta_d\omega}{4}$，$\Pi_D^C=\dfrac{N\theta_d(\omega-c)}{8}$。

附录 3：命题 7.3 证明

根据附录 2，分成两种情况讨论。

（1）当$c\leqslant\dfrac{\omega}{2}$时，$P_{S2}^*=\theta_{C1}c$，则订阅提供者为实现：

$$\max_{p_{S1}}\frac{N}{\theta_d}p_{S1}\left[\theta_d-\frac{p_{S1}}{p_{D1}+c(1+\delta)}\right]+\delta\Pi_{S2}$$

$$\Rightarrow\max_{p_{S1}}\frac{Np_{S1}}{\theta_d}\left[\theta_d-\frac{p_{S1}}{p_{D1}+c(1+\delta)}\right]+\frac{\delta NC}{2\theta_d}\left[\frac{p_{S1}}{p_{D1}+c(1+\delta)}\right]^2$$

对p_{S1}^*求导得$\dfrac{\partial\Pi}{\partial p_{S1}}=\dfrac{N}{\theta_d}\left\{\theta_d-\dfrac{2p_{S1}}{p_{D1}+c(1+\delta)}+\dfrac{\delta cp_{S1}}{\left[p_{D1}+c(1+\delta)\right]^2}\right\}$，得$p_{S1}^*$反应函数为$p_{S1}^*=\dfrac{\theta_d\left[p_{D1}+c(1+\delta)\right]^2}{2(p_{D1}+c)+\delta c}$。

按需提供者为实现：

$$\max_{p_{S1}}\Pi_D^S=\frac{Np_{D1}}{2\theta_d}\left[\frac{p_{S1}}{p_{D1}+c(1+\delta)}\right]^2+\delta\Pi_{D2}$$

$$\Rightarrow\max_{p_{S1}}\frac{Np_{D1}}{2\theta_d}\left[\frac{p_{S1}}{p_{D1}+c(1+\delta)}\right]^2+\frac{\delta Nc}{8\theta_d}\left[\frac{p_{S1}}{p_{D1}+c(1+\delta)}\right]^2$$

$$\text{s.t. }P_{D1}^*\leqslant\omega-c$$

构建拉格朗日函数 $\Lambda=\frac{Np_{D1}}{2\theta_d}\left[\frac{p_{S1}}{p_{D1}+c(1+\delta)}\right]^2+\frac{\delta Nc}{8\theta_d}\left[\frac{p_{S1}}{p_{D1}+c(1+\delta)}\right]^2+\lambda(\omega-c-p_{D1})$，分别对 p_{D1} 与 λ 求偏导，根据 KKT 条件可得以下内容。

①当 $0<c\leqslant\frac{\omega}{2+0.5\delta}$ 时，存在 $p_{D1}^*=c\left(1+\frac{\delta}{2}\right)$，$p_{S1}^*=\frac{\theta_d\left[p_{D1}+c(1+\delta)\right]^2}{2(p_{D1}+c)+\delta c}=\frac{\theta_d c(2+1.5\delta)^2}{4+2\delta}$，代入 A、B 利润函数可得，$\Pi_S^{NC*}=\frac{N\theta_d c(4+3\delta)^2}{8(4+2\delta)}$；$\Pi_D^{NC*}=\frac{N\theta_d c(4+3\delta)^3}{8(4+2\delta)^2}$。

②当 $\frac{\omega}{2+0.5\delta}<c\leqslant\frac{\omega}{2}$ 时，存在 $p_{D1}^*=\omega-c$，$p_{S1}^*=\frac{\theta_d\left[p_{D1}+c(1+\delta)\right]^2}{2(p_{D1}+c)+\delta c}=\frac{\theta_d(\omega+\delta c)^2}{2\omega+\delta c}$,分别代入 A、B 利润函数可得,订阅提供者利润 $\Pi_S^{NC}=\frac{N\theta_d(\omega+\delta c)^2}{2(2\omega+\delta c)}$；按需提供者利润 $\Pi_D^{NC}=\frac{N\theta_d(\omega+\delta c)^2(4\omega-4c+\delta c)}{8(2\omega+\delta c)^2}$。

（2）$c>\frac{\omega}{2}$ 时，$P_{S2}^*=\theta_{C1}\frac{\omega}{2}$，得 $\theta_{C1}=\frac{p_{S1}}{P_{D1}+c+0.5\delta\omega}$，则订阅提供者目标：

$$\max_{p_{S1}}\frac{Np_{S1}}{\theta_d}\left(\theta_d-\frac{p_{S1}}{p_{d1}+c+0.5\delta\omega}\right)+\frac{\delta N\omega}{4\theta_d}\left(\frac{p_{S1}}{p_{d1}+c+0.5\delta\omega}\right)^2$$

，通过一阶求导可得 $p_{S1}^*=\frac{2\theta_d(p_{D1}+c+0.5\delta\omega)^2}{4(p_{D1}+c)+\delta\omega}$。

按需提供者目标：

$$\max_{p_{d1}}\Pi_D^{NC}=\frac{Np_{d1}}{2\theta_d}\left(\frac{p_{S1}}{p_{d1}+c+0.5\delta\omega}\right)^2+\delta\Pi_{d2}\Rightarrow\frac{Np_{d1}}{2\theta_d}\left(\frac{p_{S1}}{p_{d1}+c+0.5\delta\omega}\right)^2+\frac{\delta N(\omega-c)}{8\theta_d}\left(\frac{p_{S1}}{p_{d1}+c+0.5\delta\omega}\right)^2,$$

满足条件：$P_{D1}\leqslant\omega-c$。通过一阶求导可得：$P_{D1}^*=c\left(1+\frac{1}{2}\delta\right)$。由于 $c>\frac{\omega}{2}$，则 $p_{S1}^*=\frac{2\theta_d\omega(1+0.5\delta)^2}{4+\delta}$ 代入订阅提供者利润 $\Pi_S^{NC}=\frac{N\theta_d\omega(1+0.5\delta)^2}{4+\delta}$，按需提供者利润 $\Pi_D^{NC}=\frac{N\theta_d(2+\delta)^2(\omega-c)}{8(4+\delta)}$。

选取 $0\leqslant c\leqslant 3$，$\delta=(0.3,0.6,0.9)$，$\omega=3$，$N=1$，$\theta_d=1$ 对缺乏价格承诺时的最优知识产品价格进行数值仿真（附图 1），其中横轴代表心理成本，纵轴代表均衡价格。

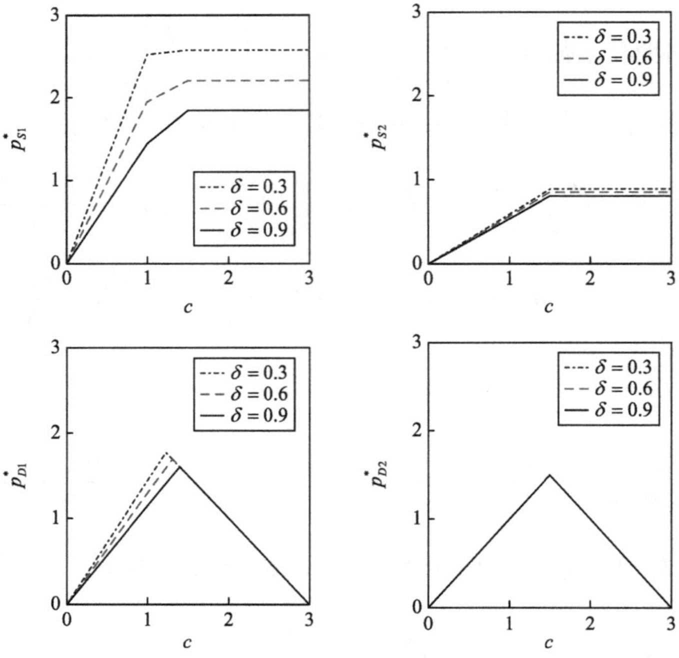

附图 1　缺乏价格承诺的最优价格

附录 4：命题 7.4 证明

1）对于订阅提供者

$0<c<\dfrac{\omega}{2+0.5\delta}$ 时，若满足 $\Pi_S^{NC}=\dfrac{N\theta_d c(4+3\delta)^2}{8(4+2\delta)}>\Pi_S^C=\dfrac{N\theta_d c(1+\delta)}{2}$，需满足 $\dfrac{(4+3\delta)^2}{8(4+2\delta)}>\dfrac{(1+\delta)}{2}$，对于任意 δ 均成立。

$\dfrac{\omega}{2+0.5\delta}<c<\dfrac{\omega}{2}$ 时，若满足 $\Pi_S^{NC}=\dfrac{N\theta_d(\omega+\delta c)^2}{2(2\omega+\delta c)}>\Pi_S^C=\dfrac{N\theta_d c(1+\delta)}{2}$，需满足 $(\omega+\delta c)^2>(1+\delta)(2\omega+\delta c)$，即满足 $\dfrac{\sqrt{1+\delta}-1}{\delta}\omega<c<\dfrac{\omega}{2}$ 时，不等式成立。

$\dfrac{\omega}{2}<c<\omega$ 时，满足 $\Pi_S^{NC}=\dfrac{N\theta_d\omega(1+0.5\delta)^2}{4+\delta}>\Pi_S^C=\dfrac{N\theta_d\omega(1+\delta)}{4}$，需满足 $\dfrac{(1+0.5\delta)^2}{4+\delta}>\dfrac{(1+\delta)}{4}$，对任意 δ 均不成立。

2）对于按需提供者

$0 < c < \dfrac{\omega}{2+0.5\delta}$ 时，若满足 $\Pi_D^{NC} = \dfrac{N\theta_d c(4+3\delta)^3}{8(8+4\delta)^2} > \Pi_d^C = \dfrac{N\theta_d c\left(1+\delta\right)}{8}$，需满足 $\dfrac{(4+3\delta)^3}{(4+2\delta)^2} > \left(1+\delta\right)$，即满足 $(4+3\delta)^3 > (4+2\delta)^2\left(1+\delta\right)$，对任意 δ 均成立。

$\dfrac{\omega}{2+0.5\delta} < c < \dfrac{\omega}{2}$ 时，若满足 $\Pi_D^{NC} = \dfrac{N\theta_d(\omega+\delta c)^2\left(4\omega-4c+\delta c\right)}{8(2\omega+\delta c)^2} > \Pi_d^C = \dfrac{N\theta_d c\left(1+\delta\right)}{8}$，需满足 $(\omega+\delta c)^2\left(4\omega-4c+\delta c\right) > \left(1+\delta\right)c(2\omega+\delta c)^2$，当 c 越接近下限时，不等式成立。

$\dfrac{\omega}{2} < c < \omega$ 时，若满足 $\Pi_D^{NC} = \dfrac{N\theta_d\left(\omega-c\right)(2+\delta)^2}{8\left(4+\delta\right)} > \Pi_D^C = \dfrac{N\theta_d\left(\omega-c\right)\left(1+\delta\right)}{8}$，需满足 $\dfrac{(2+\delta)^2}{4+\delta} > \left(1+\delta\right)$，对任意 δ 均不成立。

第 8 章　产权保护决策下的知识产品定价机制

第四章、第五章和第六章分别讨论了知识订阅模式、知识咨询模式和知识竞争模式下知识产品的定价机制，但这些都建立在完全知识产权保护假设条件上，不考虑存在侵权行为或者假设提供者采取最严知识产权保护制度。本章放开假设条件，将知识产权保护作为内生的决策变量，考察不完全知识产权保护假设条件下，提供者的最优产权保护决策和最优的定价机制。本章结构安排如下：第一部分提出研究问题；第二部分为定性分析，主要分析知识产权保护的双刃剑效应、消费者类型与决策成本，以及提供者运营决策；第三部分构建一个知识交易三阶段博弈定价模型，考察知识提供者最优的产权保护决策和最优的定价机制，并在扩展模型中讨论提供者的最优知识质量。最后是本章小结。

8.1　问 题 提 出

随着消费者对优质内容认可度的增加及用户付费意识的觉醒，在大数据、云计算、移动支付等新一代信息技术的加持下，以喜马拉雅、知乎 Live、樊登读书为代表的互联网知识交易迎来了绝佳的发展机遇。艾媒咨询发布的《2020 年中国知识付费行业运行发展及用户行为调研分析报告》显示，2019 年中国知识交易市场规模达到 278 亿元，预计 2020 年将达到 392 亿元，而 2021 年将突破 675 亿元。伴随知识交易快速发展的是侵权行为和非授权分享问题日益严重，部分用户在购买知识课程后，对其进行录屏、录音或者模仿抄袭，再以低价通过闲鱼二手网、微信群、贴吧等渠道售卖给其他消费者，这严重削弱了原创提供者的生产积极性。

互联网知识交易的健康长远发展，既需要主管机构和知识平台打击这类侵权行为，营造良好的尊重知识产权氛围，也需要知识提供者从微观层面制定产权保护策略维护自身收益。尽管大量实证文献证明侵权行为对厂商具有不利影响[96]，但并非采取最严厉的产权保护对厂商就一定有利，尤其是考虑到非授权分享对产品流行度和认识度具有正向推动作用。Gu 和 Mahajan[168]认为，侵权软件产品在一定程度上可以提高产品流行度，从而有利于提高厂商收益。因此，研究的一个关键问题在于，在互联网知识交易情境下，知识提供者应该采取何种（最严、适中或者零）产权保护策略？知识产权保护决策的边界及影响机制是什么？

互联网知识交易的发展，不仅需要提供者制定产权保护决策，还需要关注产权保护决策对知识定价机制的影响。提供者的产权保护决策会影响知识消费者对知识产品的效用预期，进而影响消费者的搜寻行为与购买决策，最终对提供者制定定价产生影响。因此，研究的另一个关键问题是，知识提供者的产权保护决策将如何影响其定价机制？背后的逻辑机理是什么？

尽管普遍认为侵权产品将给厂商利润带来不利影响[169, 170]，但大量研究证明侵权产品在某些情况下可以提高厂商收益[171~177]。例如，Conner 和 Rumelt[178]研究垄断市场环境下侵权软件对厂商利润的影响，发现当软件产品存在网络外部性时，消费者效用随着使用侵权产品和正版产品的用户数量增加而增加，因此，只要网络外部性很强时，侵权软件的存在将提高厂商收益。Takeyama[179]认为侵权产品会产生需求网络外部性，通过早期消费者的口口相传加速产品扩散，实现挖掘潜在市场的目的，从而对垄断厂商收益产生有利影响。Shy 和 Thisse[180]将垄断市场情形扩展到双寡头竞争情形，结果表明，当网络外部性较强时，厂商同样可以通过允许侵权软件的存在而获益。Jain[181]考虑竞争市场环境下侵权产品对厂商收益的影响，发现即使不存在网络外部性，侵权产品也会增加厂商收益和社会福利。现有研究主要从网络外部性视角考察侵权行为的存在对厂商收益的正向影响，本章则撇开网络外部性，从知识产权保护机制的行为效应和信息效应角度，对侵权行为的正向影响机理进行分析。

应对侵权问题，现有研究重点考察了产权保护机制。代表性的文献有，Sundararajan[182]研究侵权市场环境中厂商最优的定价机制和产权保护决策。发现当厂商不进行价格歧视时，厂商应该采取最严厉的产权保护机制；当厂商进行价格歧视时，其最优选择是降低知识保护水平。Prasad 和 Mahajan[173]利用创新扩散模型研究侵权软件与产品扩散之间的关系，认为垄断厂商应该最初采取最低产权保护机制，待产品扩散到一定程度后，再采取最严产权保护机制。除了采取知识产权保护机制外，Wu 和 Chen[183]发现存在侵权问题时，如果消费者的侵权成本在某个阈值之内，采用多版本机制是打击侵权非常有效的手段。Chellappa 和 Shivendu[184]考察了打击侵权行为的最优样品试用机制。Vernik 等[185]则研究数字版权管理对用户下载正版产品和侵权产品的影响。本章将产权保护决策内生化，考察厂商的产权保护决策，并进一步探讨提供者产权保护决策影响其定价决策的逻辑机理。

8.2 定性分析

8.2.1 知识产权保护的双刃剑效应

数据经济时代，知识产品复制和分享的边际成本接近于零，以及知识交易平台监管机制的失位，导致知识交易过程中充斥着大量的非授权分享行为，如知乎Live侵权分发事件、喜马拉雅FM作家侵权事件，百度文库“侵权门”一案。知识产品间相互借鉴、模仿、抄袭与“拆书”这种“低投入、高流量”的行为，其一，会产生“劣币驱逐良币”，将严重打击被侵权作者的创造积极性，从而导致大量优质原创的提供者流失；其二，复制、二次创作的手段会造成知识产品同质化，降低知识质量整体水平，这会阻碍用户的消费积极性，降低消费者的知识购买意愿。其三，侵权产品泛滥会降低知识交易平台的吸引力，减弱知识平台的“网络外部性”，不利于发挥双边市场效应。

因此，打击侵权行为、加强知识产权保护就成为知识交易各参与方的题中之意。然而，对于知识提供者而言，加强知识产权保护将产生两种正反相对的效应。一方面，提供者执行较强的知识产权保护决策，将会降低侵权知识产品对消费者的吸引力，从而在一定程度上鼓励消费者购买正版产品的行为，称这为知识产权保护带来的“行为效应”。另一方面，提供者执行较强的知识产权保护决策，需要花费大量的人力物力成本，这一成本信号将会提高消费者对正版产品均衡价格的预期（降低对正版知识产品的期望收益），消费者将减少搜寻行为和知识购买，称这为知识产权保护带来的“信号效应”。提供者需要有效平衡知识产权保护的这两种效应，决定其最优的知识产权保护决策。

8.2.2 知识消费者类型与决策成本

互联网知识交易中，可将消费者分成两种类型[186]：一类消费者具有极强的“道德感”，他们从侵权知识产品中获得的效用为零或者为负，在任何情况下都不会购买侵权知识产品，只会考虑是否购买正版知识产品，我们称其为“道德消费者”。另一类消费者更在乎自身效用得失，他们仅从经济层面考量知识产品选择问题，侵权知识产品和正版知识产品都是其潜在选项，购买侵权知识产品并不会给他们带来道德上的"罪恶感"，我们称其为"普通消费者"。一般而言，经济基础越好或者版权意识越强的消费者，越偏好购买正版知识产品，如专家学者相比于学生就会更倾向购买正版知识产品。此外，社会大环境对侵权知识产品的容忍度或者接纳度越低，越会促使更多的消费者购买正版，降低侵权知识产品的吸引力。

群体传播时代，具有认知盈余的大众草根皆可作为"传者"提供知识产品。知识交易平台几乎囊括了各种类型的知识产品，但由于知识产品的"不可验证性"，提供者与消费者之间存在极度的信息不对称，消费者必须花费时间和精力搜寻知识价格等各种信息。考虑到道德消费者更偏好正版产品，因而会花费大量搜寻成本以筛选掉"假冒伪劣"的知识产品，并在了解正版知识产品的大量信息后再做出购买决策。因此，道德消费者一般具有较高的搜寻成本。相反，普通消费者由于没有道德约束，只需购买满足基本需求的知识产品，所以普通消费者的搜寻成本一般可以忽略不计。

8.2.3　知识提供者的运营决策分析

互联网知识交易的兴起，不仅为原创知识和小众思想的传播提供了绝佳载体，也间接加速了侵权知识产品的横行泛滥，导致各种模仿、复制、改编的二手知识产品屡见不鲜。这严重影响到知识平台与正版知识产品提供者的"流量"和收益。因此，加强知识产权保护，避免出现内容被二次免费传播这种非授权分享行为，成为业界共识。除了逐步完善互联网知识产权保护立法外，知识交易平台也应建立知识产权保护机制。例如，为知识产品设置"保留所有权利，禁止转载""允许付费转载"等可选功能。但更重要的是，需要提供者在更微观的层面，通过制定知识产权保护决策，打击侵权知识产品，维护自身权利。例如，提供者可以通过"钓鱼执法"、网络搜查及举报奖励等手段打击侵权行为。

对知识提供者而言，通过知识产权保护决策可以有效打击侵权行为，但产权保护决策会影响普通消费者和道德消费者的决策行为，考虑到不同类型消费者行为变化，提供者需要制定灵活性的定价机制。在提供者制定决策过程中，首先要制定知识产权保护决策，然后再制定价格策略。这是由于知识产权保护制度一般是一种长期机制，是一种提供者相对稳定的承诺，而价格策略相对来说是短期机制，容易受到各种因素干扰而需要灵活调整。最后，根据提供者的产权保护决策，知识消费者会形成对知识价格和未来效用的预期，从而决定是否进行搜寻行为及知识产品购买。

8.3 知识交易三阶段博弈定价数学模型

8.3.1 模型假设

1. 知识提供者

考虑知识交易市场存在单一知识提供者和多个潜在的知识消费者。假定知识市场存在着大量侵权行为或者非授权分享行为，用L和P分别代表正版知识产品和侵权知识产品。提供者可以通过产权保护决策和定价机制制定来影响消费者购买侵权产品的效用水平。不失一般性，假设提供者的知识生产成本为0。

2. 知识消费者

假设知识消费者人数标准化为1，考虑到知识产品消费的“非重复性”，每位消费者最多购买一件正版或者侵权知识产品。假设知识市场主要存在两类消费者[186]：一类为“道德消费者”，用E表示，假定道德消费者占总消费人群的比例为η，$0\leqslant\eta\leqslant 1$。另一类为“普通消费者”，用$O$表示，普通消费者的比例为$1-\eta$。此外，两类消费者具有不同的搜寻成本，道德消费者在购买前必须知晓正版知识产品的价格、质量等信息，假设其搜寻成本为s，而普通消费者的搜寻成本可忽略不计，假设其搜寻成本为$s_O=0$。

假设消费者可以从正版知识产品中获得的价值收益为v，v在$[0,1]$之间服从均匀分布。正版知识产品的价格为p，则道德消费者（E）和普通消费者（O）购买正版知识产品（L）获得的效用分别为

$$U_{EL}=v-p-s$$

$$U_{OL}=v-p$$

道德消费者（E）和普通消费者（O）购买侵权知识产品（P）获得的效用分别为

$$U_{EP}=0$$

$$U_{OP}=(1-\theta)\mu v$$

在这里，$\theta\in[0,1]$表示提供者的知识产权保护强度，代表提供者可以通过产权保护努力直接影响普通消费者从侵权知识产品中获得的效用。当$\theta\to 0$时，表示提供者采取的是零知识产权保护强度，普通消费者可以从侵权知识产品获得最高效用μv。当$\theta\to 1$时，表示提供者采取的是最严厉的知识产权保护强度，普通

消费者购买不到侵权知识产品或者侵权知识产品是无价值的。μ 表示社会侵权容忍度，代表整个社会对侵权知识产品的认可度和接受度，这也会影响普通消费者从侵权知识产品中获得的效用，μ 的大小不受提供者的产权保护决策影响。根据效用函数可知，如果产权保护强度越高或者社会侵权容忍度越低时，普通消费者从侵权知识产品获得的效用越少，即侵权知识产品的吸引力越低。

3. 决策时序

构建知识交易市场参与主体之间的三阶段博弈模型，考虑各阶段博弈参与人的决策行为。在第一阶段，提供者决定知识产权保护强度 θ 。在第二阶段，提供者决定正版知识产品的价格 p ，消费者决定是否进行产品搜寻以便做出购买行为。在第三阶段，消费者进行购买决策，只有当 $v-p-s\geqslant 0$ 时，道德消费者才会购买正版知识产品。普通消费者通过对比 $U_{OL}=v-p$ 和 $U_{OP}=(1-\theta)\mu v$ ，决定购买正版还是侵权知识产品。根据以上分析，建立参与人博弈时序图如下（图 8.1）。

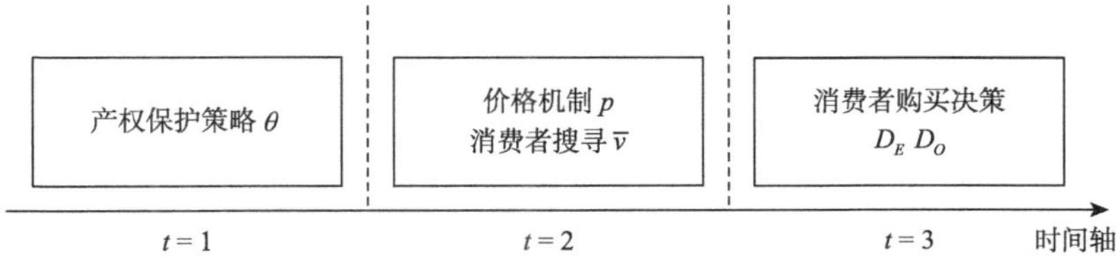

图 8.1　产权保护模式下参与人博弈时序

为了便于理解模型，表 8.1 对书中涉及的主要参数含义总结如下。

表 8.1　主要参数含义

参数	含义
L 、P	正版知识产品和侵权知识产品
E 、O	道德消费者和普通消费者
η	道德消费者在消费者人数中的占比
s	道德消费者的搜寻成本
v	正版知识产品的价值收益
p	正版知识产品的价格
θ	知识产权保护强度
μ	社会侵权容忍度
$\bar{v}$	道德消费者在搜寻与不搜寻知识产品之间的无差异点
$\bar{p}$	道德消费者预期提供者制定的正版知识产品价格
v_O	普通消费者从正版与侵权知识产品中获得效用的无差异点

8.3.2 模型构建

采用逆向归纳法求解子博弈精炼纳什均衡。

在第三阶段，道德消费者的购买决策取决于第二阶段的搜索行为。如果道德消费者采取搜索行为后获得的期望剩余 $v-\overline{p}-s$ 不小于零，则道德消费者会进行搜索。在这里，$\overline{p}$ 表示道德消费者预期提供者制定的知识价格。显然，如果有 $v \geqslant \overline{v}=\overline{p}+s$，则道德消费者将进行搜索。其中，$\overline{v}$ 表示道德消费者在搜寻与不搜寻之间的无差异点。用 $\overline{v}$ 刻画道德消费者的搜索行为，$\overline{v}$ 越大表明进行搜索行为的道德消费者人数越少。

道德消费者进行搜索行为后知晓知识产品的真实价格 p，只有当 $v \geqslant v_E = \min\{\max\{\overline{v},p\},1\}$ 时，其才会购买正版知识产品。从而，道德消费者的知识需求为 $D_E=\eta(1-v_E)$，这基于道德消费者采取了搜寻行为（$v \geqslant \overline{v}$）。需要注意的是，理性预期下的均衡价格 p^* 必定等于预期价格 $\overline{p}$。根据 $\overline{v}=\overline{p}+s$ 可知，存在 $\overline{v} \geqslant p^*$，这表明在理性预期的前提下，进行搜寻的道德消费者都将会购买正版知识产品，存在 $v_E=\overline{v}$。

普通消费者从正版与侵权知识产品中获得效用的无差异点为 $v_O = \min\left\{\dfrac{p}{1-(1-\theta)\mu},1\right\}$，可知普通消费者的知识需求为 $D_O=(1-\eta)(1-v_O)$。

在第二阶段，提供者通过制定知识价格 p 实现第二阶段期望收益最大化：

$$\max_p \pi_2 = p\{\eta(1-\overline{v})+(1-\eta)(1-v_O)\}$$

$$= p\left\{\eta(1-\overline{v})+(1-\eta)\left[1-\frac{p}{1-(1-\theta)\mu}\right]\right\}$$

利用提供者收益函数对知识价格求解一阶导数，可得

$$\frac{\partial \pi}{\partial p}=1-\eta\overline{v}-\frac{2(1-\eta)p}{1-(1-\theta)\mu}=0$$

从而，可得

$$p^*=\frac{(1-\eta s)[1-(1-\theta)\mu]}{2-\eta-\eta(1-\theta)\mu}$$

$$\overline{v}^*=\frac{1-(1-\theta)\mu+2(1-\eta)s}{2-\eta-\eta(1-\theta)\mu}$$

在第一阶段，知识提供者通过制定产权保护强度 θ 实现第一阶段期望收益最大化：

$$\max_{\theta} \pi_1 = \pi_2\left(p^*, \bar{v}^*, \theta\right) = \frac{(1-\eta)(1-\eta s)^2\left[1-(1-\theta)\mu\right]}{\left[2-\eta-\eta(1-\theta)\mu\right]^2}$$

利用提供者收益函数对产权保护强度求解一阶导数，可得

$$\theta^* = \begin{cases} 1, & 0 \leqslant \eta < \dfrac{2}{3} \\ 1-\dfrac{3\eta-2}{\eta\mu}, & \dfrac{2}{3} \leqslant \eta < \dfrac{2}{3-\mu} \\ 0, & \dfrac{2}{3-\mu} \leqslant \eta \leqslant 1 \end{cases}$$

8.3.3 模型分析

根据以上均衡结果，进行比较静态分析，可得如下命题：

命题 8.1 知识提供者的最优产权保护决策(θ^*)受到道德消费者的占比(η)和社会侵权容忍度(μ)的影响，且与道德消费者的占比之间呈现出“非线性”关系。具体如下：

①当道德消费者的占比较低$\left(0 \leqslant \eta < \dfrac{2}{3}\right)$时，提供者最优产权保护强度为$\theta^* = 1$，即提供者应该采取最严厉的知识产权保护决策；

②当道德消费者的占比适中$\left(\dfrac{2}{3} \leqslant \eta < \dfrac{2}{3-\mu}\right)$时，提供者最优产权保护强度为$\theta^* = 1-\dfrac{3\eta-2}{\eta\mu}$；

③当道德消费者的占比较高$\left(\dfrac{2}{3-\mu} \leqslant \eta \leqslant 1\right)$时，提供者最优产权保护强度为$\theta^* = 0$，即提供者应该采取零知识产权保护决策。

根据命题 8.1 可知，产权保护决策受到道德消费者的占比影响，提供者不应该在任何情形下都采取最严厉的产权保护决策来打击侵权行为。解释命题背后的逻辑，首先利用包络定律将知识产权保护决策的影响效应分解为两部分$\dfrac{\mathrm{d}\pi_2^*}{\mathrm{d}\theta} = \dfrac{\partial \pi_2^*}{\partial \theta} + \dfrac{\partial \pi_2^*}{\partial \bar{v}}\dfrac{\mathrm{d}\bar{v}^*}{\partial \theta}$。第一部分表示加强知识产权保护强度通过降低侵权知识产品的吸引力，促使普通消费者购买正版产品，进而增加提供者收益的行为效应。考虑到

$\frac{\partial \pi_2^*}{\partial \theta} > 0$，这部分行为效应将为提供者带来正收益。第二部分代表加强知识产权保护强度通过提高道德消费者对正版产品均衡价格的预期（降低对正版知识的期望效用），导致道德消费者减少搜寻行为和知识购买，进而降低提供者收益的信号效应。换言之，如果提供者采取相对宽松的产权保护强度，道德消费者将预期知识价格较低，从而会进行搜寻并购买知识。考虑到 $\frac{\partial \pi_2^*}{\partial \overline{v}} < 0$ 和 $\frac{\mathrm{d}\overline{v}^*}{\partial \theta} > 0$，这部分信号效应将为提供者带来负收益。

由命题可知，最优的产权保护机制与道德消费者占比之间大致呈负向变动关系。这是由于道德消费者占比的变化，引起产权保护策略的行为效应和信号效应之间力量的变动。当道德消费者占比较低时，产权保护策略的行为效应更加重要，提供者更加重视普通消费者部分的知识需求，因此，采取最严厉的产权保护措施是最优的。然而，当道德消费者占比较高时，产权保护策略的信号效应更加重要，提供者更有动力去引导道德消费者进行搜寻和购买知识产品，此时，提供者可以从相对宽松的甚至是零知识产权保护策略中获益。当道德消费者占比适中时，提供者应该根据道德消费者的占比和社会侵权容忍度灵活制定知识产权保护决策。

命题 8.1 对知识提供者具有启发意义：提供者制定产权保护策略应该具体问题具体分析，首先要根据道德消费者占比的变化采取灵活的产权保护强度，不可盲目采取最严厉的产权保护策略以期待打击一切非授权分享行为。其次，当道德消费者的占比适中时，提供者还需要考虑社会侵权容忍度的变动。随着知识交易群体对某些种类的侵权知识产品容忍度的提升，购买侵权知识产品对普通消费者的吸引力增加，此时，提供者对比知识产权保护策略带来的行为效应和信息效应之后，应该根据社会侵权容忍度的增加，制定相对较为严格的产权保护强度。

命题 8.2　互联网知识交易中，搜寻知识产品信息的道德消费者人数 $\left(1-\overline{v}^*\right)$ 随着道德消费者的占比 (η)、知识产权保护强度 (θ) 的增加而下降，随着社会侵权容忍度 (μ) 的增加而上升。

命题 8.2 得到一个反常识的结论，当道德消费者占比较大时，搜索知识产品信息的道德消费者人数反而会下降。这是因为：考虑到道德消费者占比较大时，提供者一般会制定相对较高的知识价格（命题 8.3），道德消费者预期购买知识产品获得的收益下降，会减少搜索行为。此外，如果普通消费者能够从侵权知识产品中获得更多的效用（知识产权保护较弱或者社会侵权容忍度较高），将会加剧侵权知识产品对正版产品的替代作用。此时，提供者将会通过降低正版知识价格以获得更多普通消费者市场份额。道德消费者预期到知识价格下降，即便需要支出搜寻成本，也会产生更多的搜寻行为。这表明，普通消费者带来的替代效应最终会增加道德消费者的搜索行为和知识需求。

命题 8.2 对知识提供者具有启发意义：考虑到道德消费者一般会在搜寻后购买知识产品，因此，提供者可以根据道德消费者的占比及社会侵权容忍度的情况预测知识销量，为制定更好的定价机制提供参考。同时，由于搜寻知识产品信息的道德消费者人数随着产权保护强度增加而下降，如果提供者期望增加道德消费者的知识需求，可以采取相对宽松的知识产权保护机制，在一定范围内允许侵权知识产品的存在。

命题 8.3　互联网知识交易中，知识价格$\left(p^*\right)$随着道德消费者所占比例(η)、产权保护强度(θ)上升而增加，随着社会侵权容忍度(μ)上升而下降。

根据命题 8.3 可知，如果道德消费者占比较大，知识产品的价格将会增加。这是由于：互联网知识交易中，道德消费者一般对知识产品具有较高的支付意愿，愿意支付较高的价格。普通消费者支付意愿相对较低，对产品价格更敏感。对于提供者而言，一方面，期望制定相对较高的价格从道德消费者群体攫取更多的剩余；另一方面，期望制定相对较低的价格从普通消费者群体获得更多的市场需求。提供者的最优知识价格需要权衡以上两个动机。尽管制定相对较高的知识价格会影响道德消费者的购买意愿和普通消费者的知识需求，但当道德消费者占比较大时，提供者还是能够获得最大化收益。

同时，如果知识产权保护强度下降或者社会侵权容忍度提升，表明侵权知识产品相对正版知识产品的吸引力增加，则知识产品的最优价格将会下降。背后的逻辑为，考虑到普通消费者不存在搜寻产品价格等信息的成本，从而普通消费者对知识价格更加敏感，知识提供者一般通过降低产品价格以增加普通消费者的需求。因此，如果普通消费者可以从侵权知识产品中获取更多的效用，为了激励普通消费者购买正版知识产品替代侵权知识产品，提供者的正版知识产品必须制定相对较低的价格。

命题 8.3 对知识提供者具有启发意义：提供者定价机制应该充分考虑道德消费者的占比，通过前期的市场调研或者问卷调查，对消费者群体类型做出评估，为知识价格制定提供依据。同时，如果提供者长期遵守较严格的知识产权保护决策，则普通消费者从侵权知识产品获得的效用下降，从而大量购买正版知识产品。此时，应该制定相对较高的知识产品价格获得最大化收益。例如，知乎 Live 平台经过前期大量低质内容涌入后，平台方与提供者通过加强知识产权保护，筛选出一批原创优质的知识产品，从而也整体提升了知识产品的价格水平。最后，随着网络版权法律体系的完善，全社会对知识产权的尊重和维权意识的提升，对侵权知识产品的容忍度下降，提供者应该适当提高知识价格。

8.3.4 扩展讨论

接下来，在基础模型中考虑提供者的质量决策(图 8.2 为参与人博弈时序图)。提供者以价格 p 销售质量为 q 的某种知识产品，假设知识生产成本为质量水平的函数，存在 $c(q)=\frac{1}{2}kq^2$，$k(k>0)$ 表示知识质量的边际生产成本。此时，道德消费者（E）和普通消费者（O）购买正版知识（L）获得的效用分别为

$$U_{EL}=v+q-p-s$$

$$U_{OL}=v+q-p$$

道德消费者（E）和普通消费者（O）购买非授权内容（P）获得的效用分别为

$$U_{EP}=0$$

$$U_{OP}=(1-\theta)\mu(v+q)$$

消费者搜寻前可以观察知识产权保护强度 θ，但不知道知识价格 p 和知识质量 q。消费者将会预期知识价格为 $\bar{p}$，预期知识质量为 $\bar{q}$。此时，如果有 $v\geqslant\bar{v}=\bar{p}+s-\bar{q}$，则道德消费者将进行搜寻，其中，$\bar{v}$ 表示道德消费者在搜寻与不搜寻之间的无差异点。

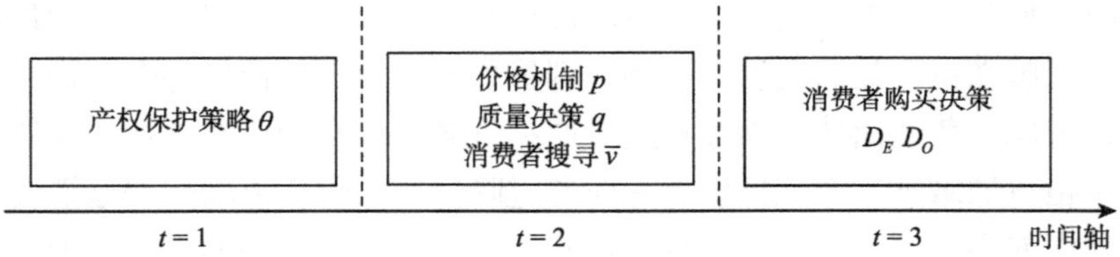

图 8.2　扩展模型参与人博弈时序

提供者通过制定价格 p 与质量 q 实现第二阶段期望收益最大化：

$$\max_{p,q}\pi_2=p\{\eta(1-v_E)+(1-\eta)(1-v_O)\}-\frac{1}{2}kq^2$$

$$=p\left\{\eta(1-\bar{v})+(1-\eta)\left[1+q-\frac{p}{1-(1-\theta)\mu}\right]\right\}-\frac{1}{2}kq^2$$

利用提供者收益函数 π_2 对知识价格 p 求解一阶导数：

$$\frac{\partial\pi_2}{\partial p}=1-\eta\bar{v}+(1-\eta)q-\frac{2(1-\eta)p}{1-(1-\theta)\mu}=0$$

利用提供者收益函数 π_2 对知识质量 q 求解一阶导数：

$$\frac{\partial \pi_2}{\partial q}=(1-\eta)p-kq=0$$

从而，可得

$$p^*=\frac{k(1-\eta s)\left[1-(1-\theta)\mu\right]}{k\left[2-\eta-\eta(1-\theta)\mu\right]-(1-\eta)\left[1-(1-\theta)\mu\right]}$$

$$q^*=\frac{(1-\eta)(1-\eta s)\left[1-(1-\theta)\mu\right]}{k\left[2-\eta-\eta(1-\theta)\mu\right]-(1-\eta)\left[1-(1-\theta)\mu\right]}$$

$$\overline{v}^*=\frac{k\left[1-(1-\theta)\mu+2(1-\eta)s\right]-(1-\eta)\left[1+(1-\eta)s\right]\left[1-(1-\theta)\mu\right]}{k\left[2-\eta-\eta(1-\theta)\mu\right]-(1-\eta)\left[1-(1-\theta)\mu\right]}$$

提供者通过制定产权保护强度 θ 实现第一阶段期望收益最大化：

$$\max_{\theta}\pi_1=\pi_2\left(p^*,q^*,\overline{v}^*,\theta\right)$$

利用提供者收益函数 π_1 对产权保护强度 θ 求解一阶导数，可得

$$\theta^*=\max\left\{\min\left\{1-\frac{k(3\eta-2)+(1-\eta)(1-2\eta)}{\left[\eta k+(1-\eta)(1-2\eta)\right]\mu},1\right\},0\right\}$$

根据以上均衡结果，进行比较静态分析，可得如下命题：

命题 8.4　最优知识质量 (q^*) 随着知识产权保护强度 (θ) 增加而增加，随着社会侵权容忍度 (μ) 增加而下降。

证明如下：

将提供者的最优知识质量决策 (q^*) 分别对参数 θ 和 μ 求解一阶导数，可得

$$\frac{\mathrm{d}q^*}{\mathrm{d}\theta}=\frac{2k(-1+\eta)^2(1-\eta s)\beta}{\left\{k\left[2-\eta-\eta(1-\theta)\mu\right]-(1-\eta)\left[1-(1-\theta)\mu\right]\right\}^2}>0$$

$$\frac{\mathrm{d}q^*}{\mathrm{d}\mu}=-\frac{2k(-1+\eta)^2(1-\eta s)(1-\theta)}{\left\{k\left[2-\eta-\eta(1-\theta)\mu\right]-(1-\eta)\left[1-(1-\theta)\mu\right]\right\}^2}<0$$

命题得证。

命题 8.4 表明，当知识产权保护强度增加或者社会侵权容忍度下降时，非授权内容的吸引力下降。此时，提供者的最优知识质量水平将会提升。这是因为，由 $(1-\eta)p-kq=0$ 可知，提供者最优知识质量水平的边际收益主要取决于从普通消费者部分获得的边际利润。根据命题 8.1，普通消费者部分的边际利润随着知识产权保护强度增加而增加（行为效应）。此时，提供者的知识质量水平随着知识产权保护强度增加而增加。另外，如果知识产权保护强度较大，则道德消费者预期知识价格增加，从而会减少搜寻和购买知识（信号效应）。此时，提供者需要通过

提高知识质量水平，提升道德消费者的搜寻与购买意愿。

命题给出了提供者的产权保护策略会影响其知识质量提供水平的路径，知识产权保护策略会通过引致的行为效应和信息效应，进而影响提供者的知识质量提供。最优知识质量提供会受到知识产权保护强度与社会侵权容忍度的影响。这启发提供者：一方面，应该根据非授权内容的现实状况和知识产权保护氛围，提供最优的知识质量水平；另一方面，还需要明确产权保护策略与知识质量水平之间的联动关系，适时调整知识质量提供水平，以便获得最大化收益。

8.4 本章小结

互联网知识交易中，知识侵权问题日益严峻，但是否应该严厉打击一切形式的侵权知识产品尚未定论。本章重点考察知识提供者的产权保护决策，分析产权保护决策对知识定价机制的影响及其背后的机理。发现知识产权保护决策通过影响侵权知识产品对普通消费者的吸引力，进而影响提供者的知识定价机制。本章研究得到一个有悖常理却具有启发性的结论：考虑到知识产权保护带来的“行为效应”与“信息效应”，知识提供者的产权保护决策并非越严越好，张弛有度也许才是理性选择。

本章研究发现：①知识提供者的最优产权保护决策依赖于道德消费者的占比和社会侵权容忍度，且与道德消费者占比之间呈“非线性”关系；②搜寻知识产品信息的道德消费者人数随着道德消费者的占比、产权保护强度增加而下降，随着社会侵权容忍度增加而上升；③知识产品价格随着道德消费者的占比、产权保护强度增加而增加，随着社会侵权容忍度增加而下降；④最优知识产品质量随着知识产权保护强度增加而增加，随着社会侵权容忍度增加而下降。

本章研究对知识提供者具有如下启示。

（1）张弛有度，制定产权保护决策。互联网信息时代，知识复制与分享成本接近于零，加之侵权代价较低而维权成本较高，使得互联网知识产品相互借鉴、模仿、抄袭的现象常态化，严重降低了提供者的原创积极性和消费者的支付意愿。因而，知识提供者有必要加强知识产权保护措施。然而，知识提供者的产权保护决策并非越严越好，其最优产权保护决策依赖于道德消费者占比和社会侵权容忍度，且与道德消费者占比之间呈“非线性”关系。如果道德消费者占比较高，提供者应该采取零产权保护机制，而如果道德消费者占比较低，提供者应该采取最严厉的产权保护机制。在打击侵权行为方面，知识提供者可以通过设置禁止转载、允许规范转载和付费转载等功能加强产权保护，或者通过诉讼维权、起诉抄袭内容提供方以减少侵权行为。

（2）因时制宜，制定知识产品价格。网络经济时代，信息高度透明且传播迅速，打造良好的内容质量和提升用户价值获得感是吸引消费者参与、增加用户黏性的有效方式。考虑到知识价格随着道德消费者所占比例、产权保护强度增加而增加，随着社会侵权容忍度增加而下降，因而，知识提供者需要根据产权保护强度、道德消费者所占比例和社会侵权容忍度制定知识产品价格。如果提供者采取较严格的知识产权保护决策，则相应地应该制定相对较高的知识产品价格。例如，知乎平台通过鼓励提供者跨平台维权与诉讼维权等方式，推动提供者加强知识产权保护，从而筛选掉一批低质侵权知识产品，有利于从整体上提升知识产品价格。

第 9 章　平台运营视角下的知识产品定价机制

互联网知识付费面临两大现实背景，即非授权分享与内容为王，这对互联网知识付费平台制定运营策略具有重要意义。非授权分享不仅使知识提供者失去原创动力，导致知识消费者难以获取优质内容，还动摇了知识付费平台与知识提供者之间共创价值的良性关系。在实践中，非授权分享导致的利益分歧问题已被平台察觉并做出积极处理，但还未引起学术界的广泛关注。同时，内容为王的现实约束要求平台必须先考虑知识提供者的利益诉求才能维持自身的长远发展，平台将在处理好“维护知识提供者群体”与“保证平台自身运营收益”之间取得平衡。本章试图跳出平台和知识提供者应为“知识共同体”的主观判断，从“非授权分享”视角看知识提供者与知识付费平台之间利益关系破裂问题，并在内容为王的现实约束下提出平台最优运营策略。本章试图解释利益分歧问题并寻求弥合利益分歧的最优运营策略。

9.1　问 题 提 出

尽管人们已经熟知和接受“知识付费”理念，但“非授权分享”问题依然是诸多知识付费平台当前面临的最大挑战。知识付费中的非授权分享主要表现为两种形式：一是利益驱动型，如将付费音频等转录后低价售卖；二是情感驱动型，如将付费电子书籍转赠给亲戚朋友等。这些大量存在的侵权行为不仅使知识提供者失去原创动力，导致知识消费者难以获取优质内容，还动摇了知识付费平台与知识提供者之间共创价值的良性关系[187]。为何非授权分享问题在知识付费领域显得如此突出？主要有两个方面原因：其一，知识产品具有极低的边际生产（复制）成本，同时产品“云端化”趋势降低了传播成本[188]，使得非授权分享行为几乎不存在任何技术障碍；其二，知识产品本身的公共品[189]属性，即所谓“知识是人类共同的财富”，让非授权分享行为披上了“合情合理”的外衣。

在优质原创内容极度稀缺的当下，吸引和维护一个高质量的知识提供者群体（俗称知识大咖）是知识付费平台运营的重中之重。然而，面对非授权分享的威胁，知识提供者面临着产品定价的两难选择：制定较高价格必须面对被大量“盗版”的残酷现实，不过总有一部分“道德消费者”会坚持购买正版产品；反之，制定较低价格固然能减少“盗版”概率，但也会因此损失本应从“道德消费者”处获得的收益。同样，对于知识付费平台而言，考虑到自身的运营成本和收益，也必须对知识提供者的定价策略做出一定反应，此时二者之间的利益冲突也逐步显现。例如，众多“知乎大 V”出走转投“今日头条”事件①就充分暴露了知乎平台与其原创作者之间激烈的利益博弈。那么，非授权分享会导致平台和知识提供者之间出现怎样的利益分歧？在内容为王的背景下，知识付费平台如何处理好“维护知识提供者群体”与“保证平台自身运营收益”之间的关系？这对于互联网知识付费产业良性发展是一个极具现实意义的研究课题。

9.2　知识付费参与人与市场特性

9.2.1　参与人特性分析

1. 知识消费者

参照 Chen 和 Png[186]对消费者群体的划分，将互联网知识产品的潜在消费者分为两类：一类消费者具有极强的“道德感”，他们在任何情况下都不会使用非授权知识产品，我们称其为“道德消费者”（假定其占总消费人群的比例为 e，$0 \leqslant e \leqslant 1$）；另一类消费者更在乎自身利益得失，他们仅从经济层面考量知识产品选择问题，即非授权知识产品并不会带来道德上的“罪恶感”，我们称其为普通消费者（比例为 $1-e$）。

道德消费者有两种选择：购买授权知识产品和不使用知识产品。普通消费者有三种选择：购买授权知识产品、使用非授权知识产品和不使用知识产品。普通消费者选择使用非授权知识产品，还必须承担非授权知识产品的搜寻成本 $t(t \geqslant 0)$。

① 2017 年 8 月 29 日，今日头条以稿件付费、加 V 认证等为条件签走 300 多名知乎大 V。

2. 知识提供者

在互联网环境下，知识提供者必须直面知识产品的非授权分享问题。假定知识提供者依据其产品的“市场信心”制定产品价格 p：当知识提供者认为普通消费者不会为其原创知识产品付费时，将会制定较低的市场价格（所谓低价策略）；当知识提供者认为普通消费者可能为其原创知识产品付费时，将会制定较高的市场价格（所谓高价策略）。此种假设具有一定的现实基础。对知乎平台的统计分析表明，其付费产品“知乎 Live”的定价为 9.99~499.9 元。有趣的是，大多数知识提供者将其知识产品单价定为 9.99 元（平台规定的最低限价），这在某种程度上反映了知识提供者对消费者付费意愿的估计并不乐观，希望通过低价制止消费者寻求“非授权”版本的行为；然而，也有部分知识产品的定价远高于 9.99 元。例如，李开复的“解答关于创业的困惑”定价为 499 元，这展现了知识提供者对其产品付费意愿的信心。

当知识提供者设定价格时，知识产品已经被生产出来，即研发成本是沉没成本，因此假定知识产品生产的固定成本为零。同时，知识产品一旦被研发出来，其复制成本几乎为零，为简化分析，我们假定生产知识产品的边际成本为零。

3. 知识付费平台

面对知识消费者的非授权分享行为，知识付费平台可采取两种方式应对：其一，对使用非授权知识产品的消费者施加惩罚 $f(f \geqslant 0)$，可能为罚款也可能为剥夺用户权利（如平台封号）。其二，对付费购买知识产品的消费者给予补贴 $s(s \geqslant 0)$，可能为现金奖励也可能为其他优惠（如新产品折扣）。

知识付费平台将通过各种手段打击遏制非授权分享行为，为此付出的“发现成本”为 c，获得对非授权行为的“发现率”为 $\mu(0 \leqslant \mu \leqslant 1)$。显然，发现成本 c 是发现率 μ 的函数，且 c 随 μ 的增长而增长：$\partial c(\mu)/\partial\mu > 0$。例如，“喜马拉雅”平台在版权审核方面投入很大：成立了近百人的 7×24 小时值班审核队伍，采用“机器+人工+抽查机制”的版权审核体系，尽最大努力降低盗版的发生率。

知识付费平台收益主要由两部分构成：一是知识提供者付给平台的服务佣金，一般按照知识产品价格的一定比例收取（假定佣金率为 r，$0 \leqslant r \leqslant 1$）；二是知识付费平台将平台流量变现的收益，这里流量变现收益取决于购买授权知识产品的用户规模 $Q(Q \geqslant 0)$ 和平台从单个消费者身上获得的平均流量收益，即单位流量收益（假定单位流量收益为 w，$w \geqslant 0$）。

综上所述，平台通过“惩恶”和“扬善”两方面运营策略应对互联网环境下普遍存在的非授权分享问题，努力为知识提供者营造良好的平台付费生态。在此模式下，平台将获得稳定的服务佣金收益和流量变现收益；而知识提供者通过为知识消费者提供优质内容获得知识变现收入。值得注意的是，鉴于知识付费平台和知识提供者是不同的商业主体，他们之间存在利益博弈关系。在当前内容为王的现实背景下，知识付费平台收益直接或间接取决于知识提供者，所以博弈中知识提供者一方将具备更强的谈判力。

9.2.2　消费者效用与市场需求

1. 消费者效用分析

假定潜在消费者对知识产品的主观价值为 v，v 在[0，1]上服从均匀分布。消费者有如下三种策略选择：

（1）购买授权知识产品。此时，消费者收益为

$$v-p+s \tag{9.1}$$

其中，p 为知识产品价格；s 为知识付费平台补贴。

（2）使用非授权知识产品。此时，消费者收益为

$$(1-\mu)v-\mu f-t$$

其中，μ 为消费者使用非授权知识产品被发现的概率；f 为被发现后的惩罚；t 为消费者的搜寻成本。

（3）不使用知识产品。此时，消费者收益为零。

普通消费者购买授权知识产品需同时满足两个条件：

一方面，购买授权知识产品的收益不小于使用非授权知识产品的收益：$v-p+s\geqslant(1-\mu)v-\mu f-t$，即

$$v\geqslant V_H=\frac{p-s-t}{\mu}-f \tag{9.2}$$

另一方面，购买授权知识产品的收益不小于不使用知识产品的收益：

$$v\geqslant p-s \tag{9.3}$$

普通消费者使用非授权知识产品也需同时满足两个条件：

一方面，使用非授权知识产品的收益大于购买授权知识产品的收益：

$$v<V_H \tag{9.4}$$

另一方面，使用非授权知识产品的收益不小于不使用它的收益：

$$(1-\mu)v-\mu f-t\geqslant 0$$

$$v\geqslant V_L=\frac{\mu f+t}{1-\mu} \tag{9.5}$$

道德消费者选择购买授权知识产品的收益为 $v-p+s$，选择不使用知识产品

的收益为零。在条件（9.4）满足时，道德消费者将选择购买授权知识产品。表 9.1 展示了两类消费者不同选择的收益。潜在消费者的最终选择取决于使用非授权知识产品的搜寻成本（t），知识提供者产品定价（p）及平台策略（μ、f、s）。

表 9.1　知识消费者的收益

比例	道德消费者 e	普通消费者（$1-e$）
购买授权知识产品	$v-p+s$	$v-p+s$
使用非授权知识产品	NA	$(1-\mu)v-\mu f-t$
不使用知识产品	0	0

接下来，考虑部分普通消费者接受非授权知识产品的充分条件。

部分普通消费者接受非授权知识产品的充分条件是，当且仅当$V_H > V_L$，即

$$p > s + \frac{\mu f + t}{1-\mu} \tag{9.6}$$

反之，当平台策略和知识提供者策略满足：

$$p \leqslant s + \frac{\mu f + t}{1-\mu} \tag{9.7}$$

普通消费者将拒绝使用非授权知识产品。

2. 市场需求分析

首先，分析满足条件（9.6）时，普通消费者对授权知识产品的需求。此时，部分普通消费者将会接受非授权知识产品。普通消费者存在两种选择的边界：①具有较低的主观价值V_L时，普通消费者在使用非授权知识产品和不使用之间无差异；②具有较高的主观价值V_H时，普通消费者在购买授权知识产品和使用非授权知识产品之间无差异。如图 9.1 所示，主观价值为$v \geqslant V_H$的普通消费者将会购买授权知识产品，即普通消费者对授权知识产品的需求为

$$\int_{V_H}^{1} \mathrm{d}v = 1 - V_H \tag{9.8}$$

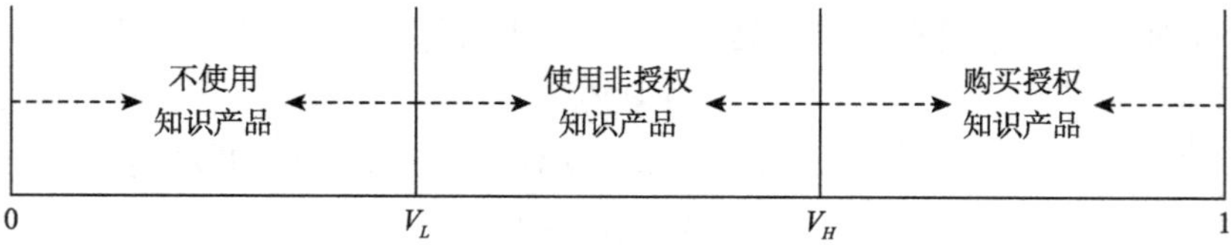

图 9.1　部分普通消费者接受非授权知识产品购买决策示意图

其次，分析满足条件（9.7）时，普通消费者对授权知识产品的需求。此时，普通消费者将拒绝使用非授权知识产品。如图 9.2 所示，主观价值为$v \geqslant p-s$的所有普通消费者都会购买授权知识产品，即普通消费者对授权知识产品的需求为

$$\int_{p-s}^{1} \mathrm{d}v = 1 - p + s \tag{9.9}$$

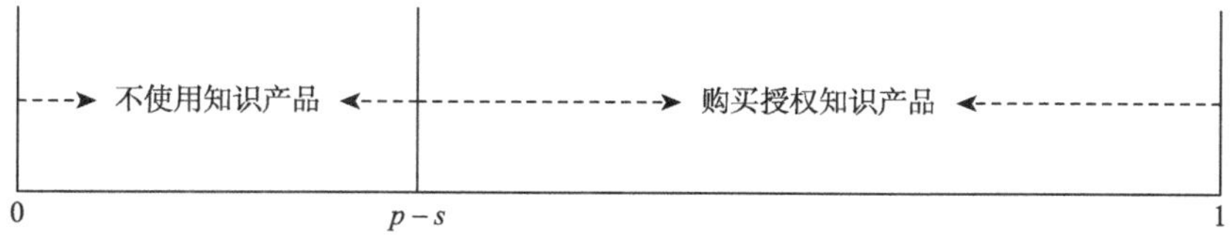

图 9.2　普通消费者拒绝非授权知识产品购买决策示意图

最后，讨论道德消费者对授权知识产品的需求。道德消费者的需求独立于普通消费者且不取决于条件（9.7），其购买决策与普通消费者拒绝使用非授权知识产品情形类似。如图 9.2 所示，主观价值为$v \geqslant p-s$的道德消费者将会购买授权知识产品，因此道德消费者对授权知识产品的需求为

$$\int_{p-s}^{1} \mathrm{d}v = 1 - p + s \tag{9.10}$$

9.3　最优定价与定价分歧

9.3.1　知识提供者最优定价

首先，我们讨论知识提供者面对非授权分享时的最优定价。面对非授权分享问题，知识提供者依据对其产品的市场信心制定低价策略或高价策略。采取低价策略时，普通消费者将不会使用非授权知识产品，提供者损失价格但获得较高的销售数量。采取高价策略时，部分普通消费者将转而使用非授权知识产品，提供者损失销售数量但获得较高的价格。

1. 低价策略：普通消费者拒绝非授权知识产品

知识提供者采取低价策略，此时条件（9.7）满足，普通消费者不会使用非授权知识产品。此时，授权知识产品的需求量为$Q_K^L = 1 - p + s$，销售额为pQ_K^L，扣除佣金费后可得提供者利润：

$$\pi_K^L = p(1-r)(1-p+s) \tag{9.11}$$

满足条件（9.7），$p \geqslant 0$，$\mu \in [0,1]$。式（9.11）对价格求一阶导数，可得利润最大化的知识产品定价为

$$p_L^* = \frac{1+s}{2} \tag{9.12}$$

2. 高价策略：部分普通消费者接受非授权知识产品

知识提供者采取高价策略，此时条件（9.6）满足，部分普通消费者将会使用非授权知识产品。根据式（9.10），知识提供者销售给道德消费者的授权知识产品数量为$1-p+s$，根据式（9.8），知识提供者销售给普通消费者的授权知识产品数量为$1-V_H$。因此，授权知识产品的总销售量为

$$Q_K^H = e(1-p+s)+(1-e)(1-V_H) \tag{9.13}$$

知识提供者通过选择价格来最大化利润：

$$\pi_K^H = p(1-r)\left[e(1-p+s)+(1-e)(1-V_H)\right] \tag{9.14}$$

满足条件（9.6），$p \geqslant 0$，$t \geqslant 0$。式（9.14）对价格求一阶导数为

$$\frac{\partial \pi_K^H}{\partial p} = e(1-2p+s)+(1-e)\left[1-V_H+p\left(-\frac{\partial V_H}{\partial_p}\right)\right]=0$$

用式（9.2）替换上式，化简得

$$p_H^* = \frac{(1+es)\mu+(1-e)(s+t+\mu f)}{2(e\mu+1-e)} \tag{9.15}$$

命题 9.1　考虑到市场上存在不同类型的知识消费者，知识提供者可分别制定两种不同的定价策略：

（1）采取“以价换量”的低价策略，其最优定价为$p_L^* = \dfrac{1+s}{2}$；

（2）采取“以量换价”的高价策略，其最优定价为$p_H^* = \dfrac{(1+es)\mu+(1-e)(s+t+\mu f)}{2(e\mu+1-e)}$。

9.3.2　知识付费平台最优定价

我们考虑知识付费平台在知识提供者不同定价策略下的期望最优定价。在内容为王的背景下，知识付费平台配合知识提供者共同应对非授权分享问题。但是知识付费平台和知识提供者是不同的商业主体，他们之间存在激烈的利益博弈，知识提供者的最优定价未必就是知识付费平台基于自身利益出发的最优定价。

1. 知识提供者采取低价策略

知识提供者采取低价策略时，主观价值大于V_L的普通消费者会选择购买授权知识产品。此时，平台的利润函数为

$$\pi_P^L=\left[rp-s-c(\mu)+w\right]Q_K^L=\left[rp-s-c(\mu)+w\right](1-p+s) \tag{9.16}$$

满足条件（9.7），$p\geqslant 0$，$\mu\in[0,1]$，$r\in[0,1]$。式（9.16）对价格求一阶导数得利润最大化的期望定价为

$$\frac{\partial \pi_P^L}{\partial p}=r(1-p+s)-\left[rp-s-c(\mu)+w\right]=0$$

化简可得

$$P_L^*=\frac{r+s+rs+c(\mu)-w}{2r} \tag{9.17}$$

2. 知识提供者采取高价策略

知识提供者采取高价策略时，部分普通消费者会使用非授权知识产品。此时平台的利润函数为

$$\pi_P^H=\left[rp-s-c(\mu)+w\right]Q_K^H=\left[rp-s-c(\mu)+w\right]\left[e(1-p+s)+(1-e)(1-V_H)\right] \tag{9.18}$$

满足条件（9.6），$p\geqslant 0$，$\mu\in[0,1]$，$r\in[0,1]$。式（9.18）对价格求一阶导数得利润最大化的期望定价为

$$\begin{aligned}\frac{\partial \pi_P^H}{\partial p}=&e\left\{r(1-p+s)-\left[rp-s-c(\mu)+w\right]\right\}\\&+(1-e)\left\{r(1-V_H)+\left[rp-s-c(\mu)+w\right]\left(-\frac{\partial V_H}{\partial p}\right)\right\}\end{aligned}$$

用式（9.2）替换上式，化简得

$$P_H^*=\frac{\mu\left[es+ers+r+ec(\mu)-ew\right]+(1-e)\left[rf\mu+rs+s+rt+c(\mu)-w\right]}{2r(e\mu+1-e)} \tag{9.19}$$

命题 9.2　考虑到自身的成本和收益情况，知识付费平台将针对知识提供者的定价策略做出最优反应。

（1）当知识提供者采取低价策略时，平台期望最优定价为 $P_L^*=\dfrac{r+s+rs+c(\mu)-w}{2r}$；

（2）当知识提供者采取高价策略时，平台期望最优定价为 $P_H^*=$

$$\frac{\mu\left[es+ers+r+ec(\mu)-ew\right]+(1-e)\left[rf\mu+rs+s+rt+c(\mu)-w\right]}{2r(e\mu+1-e)}。$$

9.3.3 定价分歧

在知识提供者和知识付费平台最优定价分析的基础上，本部分将探讨因非授权分享导致的平台和知识提供者之间定价分歧的大小。

对比式（9.12）和式（9.17），假定平台期望定价和低价策略知识提供者最优定价的分歧为 M_L：

$$M_L=\frac{s+c(\mu)-w}{2r} \tag{9.20}$$

由式（9.20）可知：当且仅当 $s+c(\mu)=w$ 时，平台期望定价与知识提供者低价策略的最优定价一致。

对比式（9.15）和式（9.19），假定平台期望定价和高价策略知识提供者最优定价的分歧为 M_H：

$$M_H=\frac{s+c(\mu)-w}{2r} \tag{9.21}$$

由式（9.21）可知：当且仅当 $s+c(\mu)=w$ 时，平台期望定价与知识提供者高价策略的最优定价一致。

由上述分析可知：$M=M_L=M_H=\dfrac{s+c(\mu)-w}{2r}$。

当 $s+c(\mu)=w$ 时，平台期望定价与知识提供者最优定价一致；

当 $s+c(\mu)>w$ 时，平台期望定价高于知识提供者最优定价；

当 $s+c(\mu)<w$ 时，平台期望定价低于知识提供者最优定价。

命题 9.3 无论知识提供者采取高价还是低价策略，平台与知识提供者之间总存在一致的定价分歧 $M\left(M=M_L=M_H=\dfrac{s+c(\mu)-w}{2r}\right)$。

命题 9.3 将现实中频频出现的知识付费平台和知识提供者之间的矛盾显性化为定价分歧。在现实生活中，知识提供者的收益来源是授权知识产品的销售收入，其会根据自身对知识付费市场环境的判断选择高价策略与低价策略，在价格和销量之间进行权衡。知识付费平台的收益来源是服务佣金收入和流量变现收入，其会根据平台单位运营成本和单位流量收益大小来决定期望定价高低。在平台运营初期，单位流量收益较低，平台倾向于知识提供者采取高价策略以获得较高的佣金收入；在平台运营成熟期，单位流量收益较高，平台倾向于知识提供者采取低价策略以获得较高的销售数量，从而获得较高的流量收益。两者收益来源的差异性导致平台和知识提供者之间的利益分歧成为常态，更深层次的原因在于非授权分享问题导致平台承担额外的运营成本且额外运营成本在短期内无法由流量收益弥补。利益分歧反映在现实中就是知识付费平台和知识提供者之间频频曝出的各类矛盾，如演讲冠军刘媛媛痛诉某平台的两大罪状①。

9.3.4　平台运营策略

在定价分歧是一种常态的基础上，本节将讨论理性的平台正视定价分歧的运营策略选择。对平台而言，可通过改变补贴额度、发现成本、佣金率和单位流量收益来减少潜在收益损失，但平台采取不同方式将对知识提供者的收益产生不同影响。在内容为王的现实约束下，知识提供者具有更强的谈判力，平台应权衡自身收益与知识提供者收益，在不影响知识提供者收益的情况下做出最优选择。

1. 补贴与发现成本

$$\frac{\partial M}{\partial s}=\frac{\partial M}{\partial c(\mu)}=\frac{1}{2r}>0 \tag{9.22}$$

推论 9.1　平台降低补贴额度和发现成本将缩小定价分歧。

由式（9.22）可知：平台单方面降低补贴额度和发现成本可缩小两者之间的定价分歧。但是补贴额度和发现成本的降低将直接增加普通消费者对非授权知识产品的需求，由式（9.11）和式（9.14）可知，将间接降低知识提供者收益。对平台而言，降低补贴额度和发现成本不是最优选择。

2. 服务佣金收益

$$\frac{\partial M}{\partial r}=\frac{w-\left[s+c(\mu)\right]}{2r^2} \tag{9.23}$$

$$w<s+c(\mu)\text{时，}\ \frac{\partial M}{\partial r}<0$$

$$w>s+c(\mu)\text{时，}\ \frac{\partial M}{\partial r}>0$$

① 2018 年 3 月 12 日，《超级演说家》第二季演讲冠军刘媛媛在其微信公众号上发布《千聊：知识付费平台的底线到底在哪儿？》一文，指出千聊平台两大罪状：一是千聊未按合同约定时间主动与嘉宾结算分成，甚至以“不结算”要挟嘉宾签订另一份补充协议，并单方面更改结算税制；二是千聊绕过刘媛媛，私自将刘媛媛的个人课程售卖给第三方直播平台，并与第三方平台瓜分利益。

推论 9.2　平台提高佣金率不总能缩小定价分歧。

由式（9.23）可知：提高佣金率不总能缩小定价分歧。当单位流量收益小于平台单位运营成本时，提高佣金率将缩小定价分歧；当单位流量收益大于平台单位运营成本时，提高佣金率将增大定价分歧。由式（9.11）和式（9.14）可知，提高佣金率将直接降低知识提供者收益。对平台而言，即使在单位流量收益小于平台单位运营成本的情况下，提高佣金率也不是最优选择。

3. 流量变现收益

$$\frac{\partial M}{\partial w}=-\frac{1}{2r}<0 \tag{9.24}$$

推论 9.3　平台提高单位流量收益将缩小定价分歧。

由式（9.24）可知：提高单位流量收益将缩小两者之间的定价分歧。由于流量变现收益与知识提供者收益无直接联系，提高流量变现收益是平台应对定价分歧的最优选择。平台可通过长期运营提高流量的大小，同时寻求流量的多种变现方式提高单位流量收益。两方面着手共同提高流量变现收益，弥补初期亏损，实现盈利运营。

由此可见，在非授权分享和内容为王的共同约束下，知识付费平台的最优运营策略是提高流量变现收益。目前流量变现最直接的方式是启动界面的广告，但其无法突出平台最本质的特征，同时会影响平台用户体验。面对日益激烈的竞争，平台应根据自身产品特性选择差异化的流量变现方式。知识付费平台的产品为知识是其区别于其他平台的最本质特征。当前知识主要以社群的形式实现变现，以知乎为例，在前期以知识免费分享为主，用户生成优质内容积累大批粉丝，最后以知乎 Live 的形式实现知识变现；又如得到 APP，前期通过粉丝的大量积累，最终以社群的形式实现知识变现。这启发知识付费平台，可通过挖掘平台上一个个小社群的不同需求，实现平台流量的社群变现。平台流量变现方式由广告到社群的转变将对平台的长期发展起到重要作用。

9.4　本章小结

本章对互联网知识付费平台的运营策略展开研究，在深入分析知识付费参与人特性的基础上构建知识付费市场模型，分析在非授权分享威胁下，知识提供者最优定价和知识付费平台期望最优定价，探讨非授权分享导致两者之间存在的定价分歧及其大小。进一步，通过分析知识付费平台不同运营策略对知识提供者收益的影响，探究在内容为王的现实约束下知识付费平台的最优运营策略。

本章研究发现：①当道德消费者和普通消费者共存于市场时，知识提供者可依据其产品市场信心分别采取“低价策略”和“高价策略”，而知识付费平台也将对此做出最优反应；②无论知识提供者采取何种定价策略，平台与知识提供者之间总存在一致的定价分歧（利益冲突）；③知识付费平台可通过优化“补贴和发现成本”“佣金和流量收益”等运营参数弥合定价分歧，谋求与知识提供者建立长期互惠合作关系。本章研究为方兴未艾的知识付费产业发展提供了微观层面的理论支撑。

本章研究对知识提供者和知识平台具有如下启示。

（1）非授权分享应成为知识付费平台制定运营策略的重要考量。平台应清醒地认识到非授权分享问题不只能影响知识提供者的创作积极性，更会导致平台和知识提供者之间产生定价分歧。定价分歧的根源在于非授权分享问题导致其承担了额外的运营成本，且额外运营成本在短期内无法由流量收益弥补。现实中频频曝出的知识提供者在不同平台之间的迁移、平台和知识提供者之间的矛盾，就是两者之间定价分歧的外在显现。

（2）提高流量变现收益是知识付费平台长远发展的重要手段。平台作为中介组织存在于知识提供者和知识消费者之间，通过提供优质的平台服务获得服务佣金收益和流量变现收益。在愈发强调内容为王的互联网环境下，优质的知识提供者对于平台而言具有战略意义，流量变现收益将超越服务佣金收益成为平台的主要收益来源。理性的平台应选择牺牲短期利益，从长期发展中寻求流量的不同变现可能。

第10章 结　　论

传统意义上，经济学家倾向将知识等同于公共品来处理。而且，一直以来，经济学家聚焦于有形产品而非知识这种无形商品（无形产品的边界和功效如何确定、质量如何验证、价格如何决定）。在这样的背景下，讨论知识交易显得无意义，并且困难重重。但是，正如 Davenport 和 Prusak[26]批评的那样：那些认为知识无需经济激励就可以自然扩散的想法是乌托邦式的，在没有回报预期的条件下，人们不太可能贡献出具有价值的知识。这无疑强调了对知识交易进行研究具有巨大的理论价值，其中，最关键的就是对互联网知识交易的定价机制展开研究。

同时，在互联网知识交易实践中，存在着用户付费意愿下降、头部提供者搬离、知识产品同质化竞争严重和知识侵权行为日益猖獗等问题。通过对这些问题的分析梳理，发现知识定价机制不完善是产生这些问题的一个关键因素。因而，本书将互联网知识交易划分成不同的交易模式，在知识交易模式下考察不同的知识交易特征引致的治理问题，探讨互联网知识交易定价机制。在知识订阅模式下，分析了社群学习环境下知识交易定价机制；在知识咨询模式下，分析了个性定制情境下知识交易定价机制；在知识竞争模式下，分析了市场竞争情形下知识交易的定价机制；在产权保护模式下，分析了产权保护决策和知识定价机制，并在用户策略行为和平台运营视角下，对知识产品定价机制进行了探讨。

本书不仅提出了社群学习的策略效应和信息效应、差别化定价的加速器效应、产权保护策略的行为效应和信息效应等，还得到了关于互联网知识交易定价机制的大量结论。这丰富了社群学习下决策主体的行为研究、发布式定价与协商式定价的比较研究、知识产权保护理论等，为互联网知识交易的实证研究提供了微观基础，为互联网知识付费的健康发展提供了有益启发。

首先，知识提供者定价策略要关注知识产品的“双向价值隐匿性”特征，借助社群网络评论信息进行动态定价，通过制定相对较低的社群价格及相对较高的市场价格，发挥社群学习在信息发掘和信息发送中的作用。提供者还需关注知识内容的“个性定制化”特征，认识到只采用发布式定价带来的问题，通过引入协商式定价策略，根据知识的定制化水平进行灵活定价。

其次，互联网知识交易由于知识产品的“易于复制性”，存在着各种侵权行为，提供者需要通过制定产权保护决策来提升消费者的购买意愿和维护自身切身利益。但是，提供者采取的产权保护决策必须张弛有度，应该根据不同的市场环境制定。考虑到提供者的产权保护决策与定价策略之间的内在逻辑，提供者的定价策略也应该因时制宜，在不同的产权保护强度下制定最优的知识价格。故本书存在较强的现实意义。

最后，考虑到知识消费者的策略性购买行为，提供者要“审时度势”实施价格承诺策略，当消费者心理成本较低时，提供者应该“见风使舵”迎合消费者的降价期待。对于知识付费平台而言，需要认识到提高流量变现收益是其长远发展的重要手段。在强调内容为王的互联网环境下，平台方不仅要提供多元化个性化服务，提高用户留存率和日活量，更重要的是，平台方要服务好优质的内容提供者。理性的知识付费平台应懂得“放长线钓大鱼”，通过提供改稿、润色、培训等一揽子服务，不断提升提供者的授课体验，增加提供者的黏性。

参 考 文 献

[1] 方爱华，陆朦朦，刘坤锋. 虚拟社区用户知识付费意愿实证研究[J]. 图书情报工作，2018，62（6）：105-115.

[2] 李武，艾鹏亚，谢蓉. 基于感知价值视角的在线付费问答平台用户付费意愿研究[J]. 图书情报知识，2018，（4）：4-14.

[3] 李武，艾鹏亚，许耀心. 在线付费问答平台的用户付费模式及付费意愿研究[J]. 图书情报工作，2018，62（13）：24-29.

[4] 杜智涛，徐敬宏. 从需求到体验：用户在线知识付费行为的影响因素[J]. 新闻与传播研究，2018，25（10）：18-39，126.

[5] 杨昕雅，胡鑫. 基于 MOA 视角的中国移动互联网知识付费行为影响因素研究——以喜马拉雅 FM 为例[J]. 新世纪图书馆，2019，（10）：29-36.

[6] Nie J，Sundar S S. Who would pay for Facebook？Self esteem as a predictor of user behavior，identity construction and valuation of virtual possessions[C]//Kotzé P，Marsden G，Lindgaard G，et al. IFIP Conference on Human computer Interaction. Berlin Heidelberg：Springer，2013.

[7] Berger B，Matt C，Steininger D M，et al. It is not just about competition with "free"：differences between content formats in consumer preferences and willingness to pay[J]. Journal of Management Information Systems，2015，32（3）：105-128.

[8] 邢小强，周平录. 互联网知识付费的商业模式研究[J]. 管理评论，2019，31（7）：75-85.

[9] 严建援，秦芬，李凯. 订阅型在线知识付费的商业模式研究[J]. 管理学报，2019，16（9）：1405-1414.

[10] Zhao Y，Zhao Y，Yuan X，et al. How knowledge contributor characteristics and reputation affect user payment decision in paid Q&A？An empirical analysis from the perspective of trust theory[J]. Electronic Commerce Research and Applications，2018，31：1-11.

[11] 蔡舜，石海荣，傅馨，等. 知识付费产品销量影响因素研究：以知乎 Live 为例[J]. 管理工程学报，2019，33（3）：71-83.

[12] 赵杨，袁析妮，李露琪，等. 基于社会资本理论的问答平台用户知识付费行为影响因素研究[J]. 图书情报知识，2018，184（4）：15-23.

[13] 刘齐平，王伟军，何国卿. 基于社会资本理论的线下知识付费平台用户选择行为研究[J]. 图书馆学研究，2019，（22）：34-41，72.

[14] Levin D Z，Cross R. The strength of weak ties you can trust：the mediating role of trust in

effective knowledge transfer[J]. Management Science，2004，50（11）：1477-1490.

[15] Franssila H，Okkonen J，Savolainen R，et al. The formation of coordinative knowledge practices in distributed work：towards an explanatory model[J]. Journal of Knowledge Management，2012，16（4）：650-665.

[16] Wasko M M，Faraj S. Why should I share？Examining social capital and knowledge contribution in electronic networks of practice[J]. MIS Quarterly，2005，29（1）：35-57.

[17] Coakes E W，Coakes J M，Rosenberg D. Cooperative work practices and knowledge sharing issues：a comparison of viewpoints[J]. International Journal of Information Management，2008，28（1）：12-25.

[18] Shi Z，Rui H，Whinston A B. Content sharing in a social broadcasting environment：evidence from Twitter[J]. MIS Quarterly，2014，38（1）：123-142.

[19] Guan T，Wang L，Jin J，et al. Knowledge contribution behavior in online Q&A communities：an empirical investigation[J]. Computers in Human Behavior，2018，81：137-147.

[20] Lin H F. Effects of extrinsic and intrinsic motivation on employee knowledge sharing intentions[J]. Journal of Information Science，2007，33（2）：135-149.

[21] Jabr W，Mookerjee R，Tan Y，et al. Leveraging philanthropic behavior for customer support：the case of user support forums[J]. MIS Quarterly，2014，38（1）：187-208.

[22] Ba S，Stallaert J，Whinston A B. Research commentary：introducing a third dimension in information systems design—the case for incentive alignment[J]. Information Systems Research，2001，12（3）：225-239.

[23] Ferrin D L，Dirks K T. The use of rewards to increase and decrease trust：mediating processes and differential effects[J]. Organization Science，2003，14（1）：18-31.

[24] Griffith T L，Sawyer J E，Neale M A. Virtualness and knowledge in teams：managing the love triangle of organizations，individuals，and information technology[J]. MIS Quarterly，2003，27（2）：265-287.

[25] Ma M，Agarwal R. Through a glass darkly：information technology design，identity verification，and knowledge contribution in online communities[J]. Information Systems Research，2007，18（1）：42-67.

[26] Davenport T H，Prusak L. Working Knowledge：How Organizations Manage What They Know[M]. Boston：Harvard Business School Press，1998.

[27] 周波. 知识交易的定价[J]. 经济研究，2007，（4）：79-89.

[28] 陈搏. 知识距离与知识定价[J]. 科学学研究，2007，25（1）：14-18.

[29] 陈搏，王苏生. 基于知识距离的知识定价决策模型及其应用[J]. 预测，2008，27（5）：38-44.

[30] 纪慧生，陆强. 知识交易与知识定价模型研究[J]. 华东理工大学学报（社会科学版），2010，25（1）：53-57，65.

[31] 许有志，王道平，杨炳儒. 供应链中的知识交易与定价研究[J]. 科学学与科学技术管理，2008，（11）：99-103，111.

[32] 杜维，刘清华. 合作联盟间失败知识定价模型研究[J]. 情报杂志，2015，34（11）：94-99.

[33] 韩莹，陈国宏，梁娟. 基于网络权力的产业集群二元式创新下知识闭环系统知识定价、收

益与协调研究[J]. 中国管理科学，2017，25（3）：68-75.
[34] 刘征驰，马滔，申继禄. 个性定制、价值感知与知识付费定价策略[J]. 管理学报，2018，15（12）：113-120.
[35] Keskin T，Taskin N. Strategic pricing of horizontally differentiated services with switching costs：a pricing model for cloud computing[J]. International Journal of Electronic Commerce，2015，19（3）：34-53.
[36] Chen S，Lee H，Moinzadeh K. Pricing schemes in cloud computing：utilization-based versus reservation-based[J]. Production and Operations Management，2019，28（1）：82-102.
[37] 汪小梅，田英莉，赵静. 基于顾客感知价值的信息产品定价方法研究[J]. 情报杂志，2010，29（2）：164-167，95.
[38] 张旭梅，邓流生，沈娜利，等. 考虑消费者版权意识差异的信息产品定价策略[J]. 管理评论，2012，24（8）：128-134.
[39] 周木生，张玉林. 基于非线性边际支付意愿的信息产品定价策略研究[J]. 系统工程理论与实践，2014，34（3）：710-716.
[40] Ma D，Seidmann A. Analyzing software as a service with per-transaction charges[J]. Information Systems Research，2015，26（2）：360-378.
[41] Balasubramanian S，Bhattacharya S，Krishnan V V. Pricing information goods：a strategic analysis of the selling and Pay-Per-Use mechanisms[J]. Marketing Science，2015，34（2）：218-234.
[42] Sundararajan A. Nonlinear pricing of information goods[J]. Management Science，2004，50（12）：1660-1673.
[43] Jain S，Kannan P K. Pricing of information products on online servers：issues，models，and analysis[J]. Management Science，2002，48（9）：1123-1142.
[44] Fazli A，Sayedi A，Shulman J D. The effects of autoscaling in cloud computing[J]. Management Science，2018，64（11）：5149-5163.
[45] 千春晖，钮继新. 网络信息产品市场的定价模式[J]. 中国工业经济，2003，（5）：34-41.
[46] 赖茂生，张梦雅. 网络情报产品的定价策略研究[J]. 情报科学，2011，（10）：1457-1461.
[47] Riley J，Zeckhauser R. Optimal selling strategies：when to haggle，when to hold firm[J]. Quarterly Journal of Economics，1983，98（2）：267-289.
[48] Wang R. Bargaining versus posted-price selling[J]. European Economic Review，1995，39（9）：1747-1764.
[49] Bester H. Bargaining versus price competition in markets with quality uncertainty[J]. American Economic Review，1993，83（1）：278-288.
[50] Arnold M A，Lippman S A. Posted prices versus bargaining in markets with asymmetric information[J]. Economic Inquiry，1998，36（3）：450-457.
[51] Wang R. Auctions versus posted-price selling[J]. American Economic Review，1993，83（4）：838-851.
[52] Desai P S，Purohit D. “Let me talk to my manager”：haggling in a competitive environment[J]. Marketing Science，2004，23（2）：219-233.

[53] Kuo C W，Ahn H S，Aydin G. Dynamic pricing of limited inventories when customers negotiate[J]. Operations Research，2011，59（4）：882-897.

[54] Feng Q，Shanthikumar J G. Posted pricing versus bargaining in sequential selling process[J]. Operations Research，2017，66（1）：92-103.

[55] Celen B，Kariv S，Schotter A. An experimental test of advice and social learning[J]. Management Science，2010，56（10）：1687-1701.

[56] Jing B. Social learning and dynamic pricing of durable goods[J]. Marketing Science，2011，30（5）：851-865.

[57] Zhang J，Liu Y，Chen Y. Social learning in networks of friends versus strangers[J]. Marketing Science，2015，34（4）：573-589.

[58] Chen Y，Xie J. Online consumer review：word-of-mouth as a new element of marketing communication mix[J]. Management Science，2008，54（3）：477-491.

[59] Liu Y，Feng J，Liao X. When online reviews meet sales volume information：does more/accurate information always is always beneficial？[J]. Information Systems Research，2017，28（4）：723-743.

[60] Xu F，Zhang F. Crowdfunding under social learning and network externalities[J]. SSRN Electronic Journal，2018.

[61] Feldman P，Papanastasiou Y，Segev E. Social learning and the design of new experience goods[J]. Management Science，2018，65（4）：1502-1519.

[62] Jiang B，Yang B. Quality and pricing decisions in a market with consumer information sharing[J]. Management Science，2018，65（1）：272-285.

[63] Crapis D，Ifrach B，Maglaras C，et al. Monopoly pricing in the presence of social learning[J]. Management Science，2016，63（11）：3586-3608.

[64] Yu M，Debo L，Kapuscinski R. Strategic waiting for consumer-generated quality information：dynamic pricing of new experience goods[J]. Management Science，2015，62（2）：410-435.

[65] Jiang Y，Guo H. Design of consumer review systems and product pricing[J]. Information Systems Research，2015，26（4）：714-730.

[66] Papanastasiou Y，Savva N. Dynamic pricing in the presence of social learning and strategic consumers[J]. Management Science，2017，63（4）：919-939.

[67] Erdem T，Keane M P，Sun B. A dynamic model of brand choice when price and advertising signal product quality[J]. Marketing Science，2008，27（6）：1111-1125.

[68] Altug M S，Aydinliyim T. Counteracting strategic purchase deferrals：the impact of online retailers' return policy decisions[J]. Manufacturing & Service Operations Management，2016，18（3）：376-392.

[69] 王夏阳，傅科. 企业承诺、消费者选择与产品质量水平的均衡分析[J]. 经济研究，2013，48（8）：94-106.

[70] Boleslavsky R，Cotton C S，Gurnani H. Demonstrations and price competition in new product release[J]. Management Science，2016，63（6）：2016-2026.

[71] Wang S Q，Özkan-Seely G F. Signaling product quality through a trial period[J]. Operations

Research，2018，66（2）：301-312.
[72] 孟大文，熊一凡. 免费试用与体验品非线性定价[J]. 中国工业经济，2018，（10）：175-192.
[73] Moon S，Bergey P K，Iacobucci D. Dynamic effects among movie ratings，movie revenues，and viewer satisfaction[J]. Journal of Marketing，2010，74（1）：108-121.
[74] Moe W W，Schweidel D A. Online product opinions：incidence，evaluation，and evolution[J]. Marketing Science，2011，31（3）：372-386.
[75] Tirunillai S，Tellis G J. Does chatter really matter? Dynamics of user-generated content and stock performance[J]. Management Science，2012，31（2）：198-215.
[76] Godes D，Mayzlin D. Using online conversations to study word-of-mouth communication[J]. Marketing Science，2004，23（4）：545-560.
[77] Chen C C，Tseng Y D. Quality evaluation of product reviews using an information quality framework[J]. Decision Support Systems，2011，50（4）：755-768.
[78] Sen S，Lerman D. Why are you telling me this? An examination into negative consumer reviews on the web[J]. Journal of Interactive Marketing，2007，21（4）：76-94.
[79] Berger J，Sorensen A T，Rasmussen S J. Positive effects of negative publicity：when negative reviews increase sales[J]. Marketing Science，2010，29（5）：815-827.
[80] Ho-Dac N N，Carson S J，Moore W L. The effects of positive and negative online customer reviews：do brand strength and category maturity matter? [J]. Journal of Marketing，2013，77（6）：37-53.
[81] Basuroy S，Chatterjee S，Ravid S A. How critical are critical reviews? The box office effects of film critics，star power，and budgets[J]. Journal of Marketing，2003，67（4）：103-117.
[82] Ku Y C，Wei C P，Hsiao H W. To whom should I listen? Finding reputable reviewers in opinion-sharing communities[J]. Decision Support Systems，2012，53（3）：534-542.
[83] 殷国鹏. 消费者认为怎样的在线评论更有用？——社会性因素的影响效应[J]. 管理世界，2012，（12）：115-124.
[84] Dellarocas C，Zhang X，Awad N F. Exploring the value of online product reviews in forecasting sales：the case of motion pictures[J]. Journal of Interactive Marketing，2007，21（4）：23-45.
[85] Duan W，Gu B，Whinston A B. Do online reviews matter? An empirical investigation of panel data[J]. Decision Support Systems，2008，45（4）：1007-1016.
[86] Chen Y，Wang Q，Xie J. Online social interactions：a natural experiment on word of mouth versus observational learning[J]. Journal of Marketing Research，2011，48（2）：238-254.
[87] Zhu F，Zhang M. Impact of online consumer reviews on sales：the moderating role of product and consumer characteristics[J]. Journal of Marketing，2010，74（2）：133-148.
[88] Park D H，Lee J，Han I. The effect of on-line consumer reviews on consumer purchasing intention：the moderating role of involvement[J]. International Journal of Electronic Commerce，2007，11（4）：125-148.
[89] Zhao Y，Yang S，Narayan V，et al. Modeling consumer learning from online product reviews[J]. Marketing Science，2013，32（1）：153-169.
[90] Chevalier J A，Mayzlin D. The effect of word of mouth on sales：online book reviews[J]. Journal

of Marketing Research，2006，43（3）：345-354.
[91] Liu Y. Word of mouth for movies：its dynamics and impact on box office revenue[J]. Journal of Marketing，2006，70（3）：74-89.
[92] Yin D，Bond S D，Zhang H. Anxious or angry？Effects of discrete emotions on the perceived helpfulness of online reviews[J]. MIS Quarterly，2014，38（2）：539-560.
[93] Forman C，Ghose A，Wiesenfeld B. Examining the relationship between reviews and sales：the role of reviewer identity disclosure in electronic markets[J]. Information Systems Research，2008，19（3）：291-313.
[94] 朱丽叶，袁登华，张静宜. 在线用户评论质量与评论者等级对消费者购买意愿的影响——产品卷入度的调节作用[J]. 管理评论，2017，29（2）：87-96.
[95] Parasuraman A. Reflections on gaining competitive advantage through customer value[J]. Journal of the Academy of Marketing Science，1997，25（2）：154-161.
[96] Zaglia M E. Brand communities embedded in social networks[J]. Journal of Business Research，2013，66（2）：216-223.
[97] 江小涓. 高度联通社会中的资源重组与服务业增长[J]. 经济研究，2017，52（3）：4-17.
[98] 罗子明. 消费者心理学[M]. 北京：清华大学出版社，2002.
[99] 陈立兵，袁静雅. 认知盈余与个体知识交易市场的兴起[J]. 演化与创新经济学评，2018，（1）：83-93.
[100] 周涛，鲁耀斌，张金隆. 基于感知价值与信任的移动商务用户接受行为研究[J]. 管理学报，2009，6（10）：1407-1412.
[101] 吴德胜. 网上交易中的私人秩序——社区、声誉与第三方中介[J]. 经济学季刊，2007，6（3）：138-163.
[102] 黄海量，杜宁华. 不公正评价对在线交易的影响和作用机理研究[J]. 管理科学学报，2012，15（10）：75-84，96.
[103] Williamson O E. Credible commitments：using hostages to support exchange[J]. American Economic Review，1983，73（4）：519-540.
[104] Tucci L A，Talaga J. Service guarantees and consumers' evaluation of services[J]. Journal of Services Marketing，1997，11（1）：10-18.
[105] 金立印. 服务保证对顾客满意预期及行为倾向的影响——风险感知与价值感知的媒介效应[J]. 管理世界，2007，（8）：104-115.
[106] Lee D J，Ahn J H. Rewarding knowledge sharing under measurement inaccuracy[J]. Knowledge Management Research & Practice，2005，3（4）：229-243.
[107] Chennamaneni A，Teng J T. Determinants of knowledge sharing behaviors：developing and testing an integrated theoretical model[D]. Arlington：The University of Texas，2006.
[108] Stiglitz J. Economic foundations of intellectual property rights[J]. Duke Law Journal，2008，57（6）：1693-1724.
[109] Anton J，Yao D. Expropriation and inventions appropriable rents in the absence of property rights[J]. American Economic Review，1994，84（1）：190-209.
[110] Moser P. How do patent laws influence innovation evidence from nineteenth century world's

fairs[J]. American Economic Review，2005，95（4）：1214-1236.
[111] Stiglitz J E. Public Policy for a Knowledge Economy[C]. Remarks at the Department for Trade and Industry and Center for Economic Policy Research，London，1999.
[112] Daft R L，Lengel R H. Information richness：a new approach to managerial behavior and organizational design[J]. Research in Organizational Behavior，1984，6（1）：191-233.
[113] Daft R L，Lengel R H，Trevino L K. Message equivocality，media selection，and manager performance：implications for information systems[J]. MIS Quarterly，1987，11（3）：355-366.
[114] 隋岩. 群体传播时代：信息生产方式的变革与影响[J]. 中国社会科学，2018，（11）：114-134，204-205.
[115] Ba S，Pavlou B P A. Evidence of the effect of trust building technology in electronic markets：price premiums and buyer behavior[J]. MIS Quarterly，2002，26（3）：243-268.
[116] 汪丁丁. 知识沿时间和空间的互补性以及相关的经济学[J]. 经济研究，1997，（6）：70-78.
[117] Arrow K. Economic welfare and the allocation of resources for invention[C]//National Bureau of Economic Research. The Rate and Direction of Inventive Activity：Economic and Social Factors. Princeton：Princeton University Press，1962.
[118] Yang B，Liu Y，Liang Y，et al. Exploiting user experience from online customer reviews for product design[J]. International Journal of Information Management，2019，46：173-186.
[119] Pai M M，Vohra R. Optimal dynamic auctions and simple index rules[J]. Mathematics of Operations Research，2013，38（4）：682-697.
[120] Briceño-Arias L，Correa J R，Perlroth A. Optimal continuous pricing with strategic consumers[J]. Management Science，2016，63（8）：2741-2755.
[121] Jing B. Lowering customer evaluation costs，product differentiation，and price competition[J]. Marketing Science，2016，35（1）：113-127.
[122] Ching A T，Erdem T，Keane M P. Learning models：an assessment of progress，challenges and new developments[J]. Marketing Science，2013，32（6）：913-938.
[123] Dou Y，Hu Y J，Wu D J. Selling or leasing? Pricing information goods with depreciation of consumer valuation[J]. Information Systems Research，2017，28（3）：585-602.
[124] Besanko D，Winston W L. Optimal price skimming by a monopolist facing rational consumers[J]. Management Science，1990，36（5）：555-567.
[125] Debaere S，Devriendt F，Brunneder J，et al. Reducing inferior member community participation using uplift modeling：evidence from a field experiment[J]. Decision Support Systems，2019，123：1-12.
[126] Goes P B，Guo C，Lin M. Do Incentive hierarchies induce user effort? Evidence from an online knowledge exchange[J]. Information Systems Research，2016，27（3）：497-516.
[127] Moon K，Bimpikis K，Mendelson H. Randomized markdowns and online monitoring[J]. Management Science，2017，64（3）：1271-1290.
[128] Hu N，Bose I，Gao Y，et al. Manipulation in digital word-of-mouth：a reality check for book reviews[J]. Decision Support Systems，2011，50（3）：627-635.
[129] Li X，Hitt L M. Self-Selection and information role of online product reviews[J]. Information

Systems Research，2008，19（4）：456-474.

[130] Liu Q，Zhang D. Dynamic pricing competition with strategic customers under vertical product differentiation[J]. Management Science，2013，59（1）：84-101.

[131] Thirumalai S，Sinha K K. Customization of the online purchase process in electronic retailing and customer satisfaction：an online field study[J]. Journal of Operations Management，2011，29（5）：477-487.

[132] Syam N B，Ruan R，Hess J D. Customized products：a competitive analysis[J]. Marketing Science，2005，24（4）：569-584.

[133] 李海舰，田跃新，李文杰. 互联网思维与传统企业再造[J]. 中国工业经济，2014，（10）：135-146.

[134] Hamari J，Sjöklint M，Ukkonen A. The sharing economy：why people participate in collaborative consumption[J]. Journal of the Association for Information Science & Technology，2016，67（9）：2047-2059.

[135] Bandura A. Social Foundations of Thought and Action：A Social Cognitive Theory[M]. Upper Saddle River：Prentice-Hall，1986.

[136] Deci E L，Ryan R M. The general causality orientations scale：self-determination in personality[J]. Journal of Research in Personality，1985，19（2）：109-134.

[137] 宋志红，范黎波. 企业内员工知识共享的实证研究[J]. 管理学报，2010，7（3）：400-405.

[138] 王晶，程丽娟，宋庆美. 基于顾客参与的定制满意度研究[J]. 管理学报，2008，5（3）：391-395.

[139] Franke N，Schreier M，Kaiser U. The "I designed it myself" effect in mass customization[J]. Management Science，2010，56（1）：125-140.

[140] Vantrappen H. Creating customer value by streamlining business processes[J]. Long Range Planning，1992，25（1）：53-62.

[141] Mankiw N G. Small menu costs and large business cycles：a macroeconomic model of monopoly[J]. The Quarterly Journal of Economics，1985，100（2）：529-537.

[142] Milgrom P. Auctions and bidding：a primer[J]. Journal of Economic Perspectives，1989，3（3）：3-22.

[143] Chatterjee K，Samuelson W. Bargaining under incomplete information[J]. Operations Research，1983，31（5）：835-851.

[144] 张宇，唐小我. 信息产品垄断厂商定制策略研究[J]. 系统工程理论与实践，2008，28（7）：49-55，67.

[145] Alptekinoğlu A，Corbett C J. Mass customization vs. mass production：variety and price competition[J]. Manufacturing & Service Operations Management，2007，10（2）：204-217.

[146] Nash Jr J F. The bargaining problem[J]. Econometrica，1950，18（2）：155-162.

[147] Dewan R，Jing B，Seidmann A. Adoption of internet-based product customization and pricing strategies[J]. Journal of Management Information Systems，2000，17（2）：9-28.

[148] Corts K S. Third-degree price discrimination in oligopoly：all-out competition and strategic commitment[J]. The RAND Journal of Economics，1998，29（2）：306-323.

[149] Acquisti A，Taylor C，Wagman L. The economics of privacy[J]. Journal of Economic Literature，2016，54（2）：442-492.

[150] 毕文杰，陈根宇，陈晓红. 考虑消费者双通道心理账户和参照依赖的动态定价问题研究[J]. 中国管理科学，2015，23（7）：142-151.

[151] Prelec D，Loewenstein G. The red and the black：mental accounting of savings and debt[J]. Marketing Science，1998，17（1）：4-28.

[152] Zeithaml V A. Consumer perceptions of price，quality，and value：a means-end model and synthesis of evidence[J]. Journal of Marketing，1988，52（3）：2-22.

[153] Swinney R. Selling to strategic consumers when product value is uncertain：the value of matching supply and demand[J]. Management Science，2011，57（10）：1737-1751.

[154] Shugan S M，Xie J. Advance pricing of services and other implications of separating purchase and consumption[J]. Journal of Service Research，2000，2（3）：227-239.

[155] 卢向华，冯越. 网络口碑的价值——基于在线餐馆点评的实证研究[J]. 管理世界，2009，（7）：126-132，171.

[156] Kamleitner B，Hölzl E. Cost-benefit associations and financial behavior[J]. Applied Psychology，2009，58（3）：435-452.

[157] Cheema A，Soman D. Malleable mental accounting：the effect of flexibility on the justification of attractive spending and consumption decisions[J]. Journal of Consumer Psychology，2006，16（1）：33-44.

[158] Soman D. The effect of payment transparency on consumption：quasi-experiments from the field[J]. Marketing Letters，2003，14（3）：173-183.

[159] Bhargava H K，Gangwar M. “Pay as you go” or “all you can eat”？Pricing methods for computing and information services[C]. 2016 49th Hawaii International Conference on System Sciences（HICSS）. IEEE，2016：5239-5248.

[160] Cachon G P，Feldman P. Price commitments with strategic consumers：why it can be optimal to discount more frequently… than optimal[J]. Manufacturing & Service Operations Management，2015，17（3）：399-410.

[161] Yin R，Li H，Tang C S. Optimal pricing of two successive-generation products with trade-in options under uncertainty[J]. Decision Sciences，2015，46（3）：565-595.

[162] Jiang B，Chen P，Mukhopadhyay T. Software licensing：pay-per-use versus perpetual[J]. Available at SSRN 1088570，2007.

[163] Kabul M O，Parlaktürk A K. The value of commitments when selling to strategic consumers：a supply chain perspective[J]. Management Science，2019，65（10）：4754-4770.

[164] Aviv Y，Pazgal A. Optimal pricing of seasonal products in the presence of forward-looking consumers[J]. Manufacturing & Service Operations Management，2008，10（3）：339-359.

[165] 刘征驰，马滔，郭飞宇. 社群学习环境下的互联网众筹定价策略研究[J]. 管理工程学报，2022，36（1）：181-193.

[166] 杨慧，周晶，宋华明. 考虑消费者短视和策略行为的动态定价研究[J]. 管理工程学报，2010，24（4）：133-137.

[167] Wilson R. Computing equilibria of *N*-person games[J]. SIAM Journal on Applied Mathematics, 1971, 21（1）: 80-87.

[168] Gu B, Mahajan V. How much anti-piracy effort is too much? —A study of the global software industry[J]. SSRN Electronic Journal, 2005.

[169] Bakos Y, Brynjolfsson E, Lichtman D G. Shared information goods[J]. Journal of Law & Economics, 1999, 42（1）: 117-156.

[170] Hui K, Png I. Piracy and the legitimate demand for recorded music[J]. Contributions in Economic Analysis & Policy, 2003, 2（1）: 1160-1184.

[171] Givon M, Mahajan V, Muller E. Software piracy: estimation of lost sales and the impact on software diffusion[J]. Journal of Marketing, 1995, 59（1）: 29-37.

[172] Xie J, Sirbu M. Price competition and compatibility in the presence of positive demand effect[J]. Management Science, 1995, 41（8）: 909-926.

[173] Prasad A, Mahajan V. How many pirates should a software firm tolerate? An analysis of piracy protection on the diffusion of software[J]. International Journal of Research in Marketing, 2003, 20（4）: 337-353.

[174] Haruvy E, Mahajan V, Prasad A. The effect of piracy on the market penetration of subscription software[J]. Journal of Business, 2004, 77（2）: 81-107.

[175] August T, Tunca T I. Network software security and user incentives[J]. Management Science, 2006, 52（11）: 1703-1720.

[176] Qian Y. Counterfeiters: foes or friends? How counterfeits affect sales by product quality tier[J]. Management Science, 2014, 60（10）: 2381-2400.

[177] Wang Q, Li B, Singh P V. Copycats vs. original mobile apps: a machine learning copycat detection method and empirical analysis[J]. Information Systems Research, 2018, 29（2）: 273-291.

[178] Conner K R, Rumelt R P. Software piracy: an analysis of protection strategies[J]. Management Science, 1991, 37（2）: 125-139.

[179] Takeyama L N. The welfare implications of unauthorized reproduction of intellectual property in the presence of demand externalities[J]. Journal of Industrial Economy, 1994, 42（2）: 155-166.

[180] Shy O, Thisse J. A strategic approach to software protection[J]. Journal of Economy and Management Strategy, 1999, 8（2）: 163-190.

[181] Jain S. Digital piracy: a competitive analysis[J]. Marketing Science, 2008, 27（4）: 610-626.

[182] Sundararajan A. Managing digital piracy: pricing and protection[J]. Information Systems Research, 2004, 15（3）: 287-308.

[183] Wu S Y, Chen P Y. Versioning and piracy control for digital information goods[J]. Operations Research, 2008, 56（1）: 157-172.

[184] Chellappa R K, Shivendu S. Managing piracy: pricing and sampling strategies for digital experience goods in vertically segmented markets[J]. Information Systems Research, 16（4）: 400-417.

[185] Vernik D A，Purohit D，Desai P S. Music downloads and the flip side of digital rights management[J]. Marketing Science，2011，30（6）：1011-1027.

[186] Chen Y N，Png I. Information goods pricing and copyright enforcement：welfare analysis[J]. Information Systems Research，2003，14（1）：107-123.

[187] 汪旭晖，张其林. 平台型电商声誉的构建：平台企业和平台卖家价值共创视角[J]. 中国工业经济，2017，（11）：174-192.

[188] 赵映雪，聂佳佳，代壮. 存在盗版下网络外部性对信息产品定价的影响[J]. 系统工程理论与实践，2017，37（3）：620-630.

[189] 刘云. 信息商品盗版现象的经济学分析与对策[J]. 经济学动态，2003，（10）：33-35.